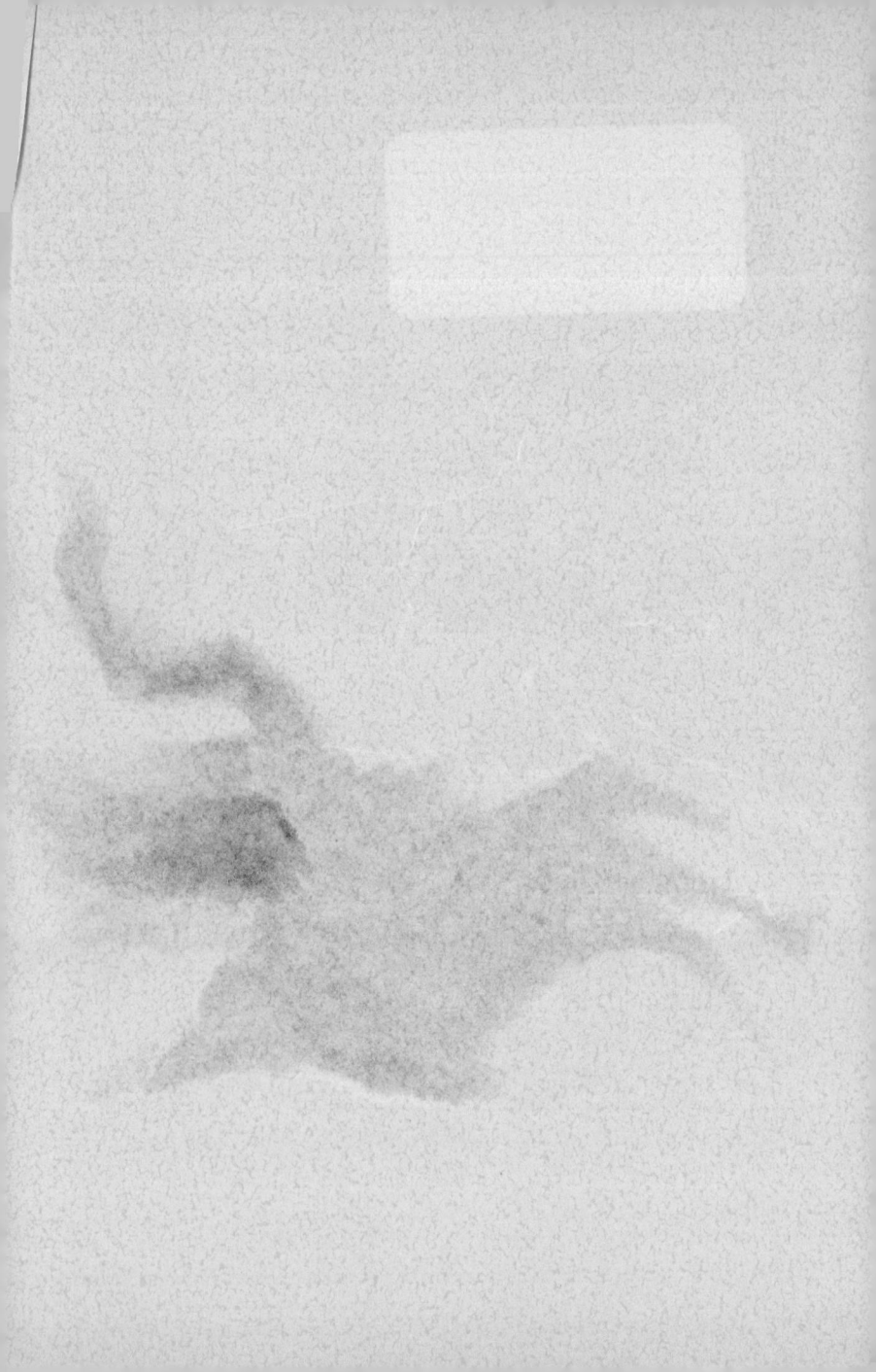

自分を浄化するCD BOOK

なりたいわたしに生まれ変わる

レイキカウンセラー
矢尾こと葉
Yao Kotoha

かんき出版

はじめに

日々の生活の中でたまりがちな、心やカラダの疲れ。

重くてどんよりしたネガティブエネルギーがカラダのあちこちにたまってしまうと、イライラや無感動、痛みやかゆみ、カラダの重さといったサインとなってあらわれてきます。

でも大丈夫。イヤな気分にさよならし、余計なものをカラダから出せば、愛と感謝のエネルギーがどんどん流れ込んでくるのです。本来の自然治癒力が高まって体調がよくなり、肌が美しくなり、瞳が輝き、笑顔が増えて人に優しくなれます。心とカラダのメンテナンスのために、ほんの数分、自分のための時間をつくってスッキリ浄化しませんか？

このCDブックは、誘導の声を聞きながら、カンタンなイメージをすることで自分を浄化し、心とカラダをスッキリ・キレイにするためのもの。心のゴミを片付けたり、仕事のやる気がアップしたり、必要なお金が手に入ったり、癒されて元気になったり。目を閉じて遊ぶような感覚でいつのまにかスッキリできる、そんな15個のイメージング（プチ瞑想）方法を収録しました。

声の誘導がついているので、イメージすることに慣れていない方でも大丈夫。ただ座って目を閉じているだけなのに不思議なほどリラックスできます。カラダが熱くなる日もあれば、瞑想状態になる自分を感じる方もいるでしょう。

何度か繰り返してイメージすることに慣れてくると、CDなしでも自分でできるようになります。お気に入りのイメージング方法を身につけて、いつでもどこでも、なりたいあなたに生まれ変わりましょう。

このCDブックを、穏やかで優しい、本来のあなたを取り戻すために活用していただければ幸いです。

自分を浄化するイメージングCDリスト

このCD BOOKには、以下の内容が収録されています。
好きなものからご自由にお聴きください。

Track 1
●**幸福感で満たされたい人へ**（7分45秒）
宇宙とつながり、直感力を高める「センタリングのイメージング」

Track 2
●**しっかりと大地に足をつけて生きたい人へ**（8分12秒）
地球とつながり、生命力を高める「グラウンディングのイメージング」

Track 3
●**仕事で成功したい人へ**（5分33秒）
仕事がうまくいく「感謝と笑顔のイメージング」

Track 4
●**お金をどんどん呼び込みたい人へ**（4分58秒）
必要なお金が手に入る「金貨のシャワーのイメージング」

Track 5
●**たまったものをスッキリ出してしまいたい人へ**（6分16秒）
心とカラダのゴミを片付ける「ショベルカーのイメージング」

Track 6
●**とにかく癒されたい人へ**（4分57秒）
ひたすらリラックス「パンダとぬくぬくイメージング」

Track 7
●**お肌ピカピカ、美しく輝きたい人へ**（4分22秒）
若さと美しさを保つ「ピンクのキレイイメージング」

Track 8
●**ストレスや疲れでついつい食べ過ぎてしまう人へ**（3分5秒）
「食べものからパワーをもらうイメージング」

Track 9
●**自分自身が本当に望んでいることを知りたい人へ**（4分37秒）
たましいのメッセージを受け取る「イルカのイメージング」

Track 10
●**集中力を高め、仕事をスピードアップしたい人へ**（4分29秒）
仕事がぐんぐんはかどる「エンジン搭載！　F1イメージング」

Track 11
●**ポジティブで明るい人生を手に入れたい人へ**（3分27秒）
バラ色の未来を描く「未来スクリーンのイメージング」

Track 12
●**変化を恐れず、もう一歩新しい世界にチャレンジしたい人へ**（4分21秒）
余計な声を聞こえなくする「ラジオのイメージング」

Track 13
●**もっとほめられたい、認められたい…と思っている人へ**（4分15秒）
応援されて元気になる「森の小人のイメージング」

Track 14
●**「なんだか不調…」から「バッチリ元気！」になりたい人へ**（4分6秒）
風邪の症状を癒す「自分を愛するイメージング」

Track 15
●**1日の疲れを癒してゆ〜ったり眠りたい人へ**（5分22秒）
いい夢を見る「おやすみなさいのイメージング」

目次

自分を浄化するCD BOOK

プチ瞑想 イメージで心とカラダを浄化しよう ～実践編～

プチ瞑想

イメージで夢をかなえよう

【付録】もっともっと浄化するオマケ

●装丁／重原 隆
●イラスト／植木美江
●本文デザイン／畑 政孝
●協力／企画のたまご屋さん

プチ瞑想

イメージで心とカラダを浄化しよう

～準備編～

いつでもどこでも自分を浄化したいなら、イメージング（プチ瞑想）が効果的です。

まずはエネルギーの通りやすいカラダに整え、イメージングしやすい環境をつくりましょう。

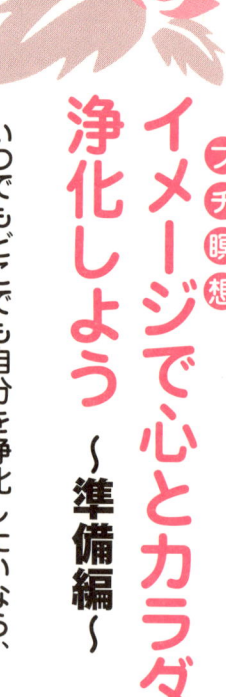

「何もしない時間」がありますか？

以前のわたしは四六時中、何かしていないと落ち着きませんでした。
あれもしなくちゃ！　これもしなくちゃ！　休日をゆったり過ごすなんてもったいない！　ぼ～っとするなんて時間のムダ！　そう思って、躍起《やっき》になってせわしなく動きまわっていました。
その頃のわたしはちょっとしたことでやる気がなくなったり落ち込んだり…と感情の起伏が激しく、いつもなんとなく疲れていて顔色も冴えませんでした。
そんなわたしが変わったのは、数年前にレイキ（霊気）を学んでからです。レイキは、手から出てくる癒しのエネルギー（気）を使って自然治癒力を高める気功法の一種。習いはじめのころ、わたしは毎日約50分間自分に手を当ててエネルギーを流していました。その間、じっと目を閉じて自分の心とカラダに向き合うのです。

正直、「これでいいのかな～」とよくわからないまま続けていたのですが、そのうち、驚くような変化が出てきました。体調がよくなり、気分も安定し、自分の可能性を強く信じられるようになりました。出会いやチャンスにも恵まれ、どんどん夢がかなうようになったのです。心の内から感謝の気持ちがあふれ出て、うれし涙を流すことが多くなりました。

わたしはレイキによって、本来の自分を取り戻すことができたのです。でもこれは、レイキを使わなくてはできないことではありません。自分自身の心とカラダに集中する時間をとることが大切なのです。

1日のうち、何もしない時間がどれくらいありますか？

心とカラダの声に耳を澄ませて、本当のあなたを取り戻してみませんか？

イメージで心とカラダをコントロール

イメージは、実現に向かう方向性を持ったエネルギーです。

日本では「夢見がち」というと浮世《うきよ》離れしているようであまりよい印象を持たれませんが、イメージというのはあなどれないもので、ただ目を閉じて、頭の中でイメージングするだけで、心やカラダをコントロールすることができるのです。

たとえば、うれしくて気持ちのよいイメージをしているとき、わたしたちの脳はβ《ベータ》エンドルフィンという快楽ホルモンを分泌します。ありありとした詳細なイメージに、カラダの奥から感じる「快」の感覚がセットになると、イメー

ジの実現化は驚くほど早まります。つまり、イメージの力を自由に使いこなせるようになると、カラダの痛みや不安や心配すら、瞬時に捨て去ることもできるというわけです。

この本のCDには、センタリングとグラウンディングという、エネルギーワークによく使われる基本のイメージングを含め、合計で15もの楽しいイメージングが収録されています。どれも数分で終わる短いものばかりです。

イメージングという言葉は聞き慣れないかもしれませんが、声の誘導にしたがってイメージを行う、プチ瞑想のようなものです。

誘導があるので、イメージが苦手な方や瞑想なんてしたことがないという方にも、カンタンにイメージの世界に入っていただけると思います。

CDのイメージングを使って自分の中にある不要な思い込みや感情を浄化し、やりたいことへのブレーキをはずして、いつのまにか夢をかなえていく人になってしまいましょう。

目を閉じるだけではじまる浄化タイム

1日の中で、寝ている時間以外に、目を閉じている時間はどのくらいありますか？

都会に暮らす多くの人が、目や頭を使いすぎています。頭痛や瞳の乾燥といったトラブルが起こるほど、普段、目を見開いているのです。

それはもしかすると、常に緊張感を感じながら周囲に目を配り、何か困ったことにならないようにと、自分を守る気持ちからくるのかもしれません。

さらに、わたしたちは目からすべての情報の90％を得ているといわれています。つまり目を開いているだけで、あちこちから膨大な情報が飛び込んできて

いる状態なのです。

これでは、いくら静かに自分の心の声を聞いてみようとしても、自分自身に集中しにくいのが当たり前ですね。

ほんの少しの時間、まぶたを閉じ、目を休ませてあげましょう。

それには、これからご紹介するイメージングがぴったりです。

帰宅してほっとひといきのティータイムや、電車での移動中、眠る前のまったりした時間や、すがすがしい早朝など、あなたが自分をクリアーにしたいときに、CDをセットしましょう。音楽CDを聴くような気持ちでゆったりとイスやソファに座ったら、目を閉じてください。

あなたの心とカラダを浄化する、イメージングタイムのはじまりです。

「よく動いてカラダが疲れているから、今日はグラウンディングをしようかな」

「甘いムードで癒されたいから今夜は〝パンダ!〟のイメージングをしよう!」

そんな風に、あなたの気分に合ったイメージングを選びましょう。

心とカラダが浄化される姿勢&呼吸

エネルギーが流れやすい姿勢と呼吸をマスターしましょう。

はじめる前のポイント

- 立っているときやイスに座ったときは、両足を床につける
- 自分の腰まわり（骨盤）を意識
- 骨盤を起こし、その上に背骨を整えていく

1

背骨の上に背骨、背骨の上に背骨、背骨の上に背骨…と背骨が順番に乗っていって、その上に首の骨が続いていきます。

首の小さな骨の上に、また骨が乗っかって、最後に頭がちょこんと乗っかっています。

2

すべての骨の上に骨を乗せ終わったら、今度は頭蓋骨の真上から、細い糸で上へ引っ張られるようなイメージをしてみましょう。

マリオネットが糸で吊られているような感じです。

あなたは今、自然に骨がまっすぐのびていて、パイプのような状態になっています。

これがもっともエネルギーの流れやすい姿勢です。

3

無理に胸を張ったり、腰に力が入りすぎたりしていませんか？

よい姿勢はいつまでも保つことができます。カラダが楽なので、続けることができるのです。

余計な力が入っている場所に気づいたら、力を抜いてみましょう。

そして、おへそからみぞおちのあたりまでを、縦に伸ばすような気持ちでいてください。内臓と内臓の間に余裕が生まれます。

エネルギーが流れやすいと、いいイメージも浮かびやすくなります。

4

そして、深呼吸をします。

おへそに手を当てて、口から細く長く息を吐いていきます。

吐ききったら、鼻から吸います。

吸った息が、おへそまで届くような気持ちで、深一く吸います。

5

吐くときは、おへそのあたりから、息と一緒に疲れた物質が出て行くような気持ちで、カラダの外へ出しましょう。

あなたの吐いたネガティブなエネルギーは、地球が浄化してくれますから、安心してください。

そして、美しい、神聖な空気を吸いましょう。

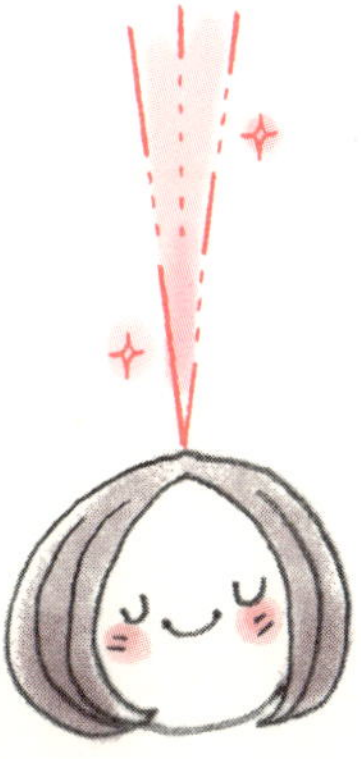

6

呼吸とともに、頭のてっぺんからも、神々しいエネルギーが入ってきます。

こんなイメージで、何度か深呼吸を繰り返します。

イメージングしやすい環境をつくろう

イメージングに慣れないうちは、できるだけひとりになれる環境で行うのがよいでしょう。一方で、電車の車内やカフェなど、まわりの人が知らない人ばかりという環境も、実はイメージングに向いています。

まずは軽く目を閉じて、リラックスできる姿勢で座ります。ソファや、お気に入りのチェア、あるいは床にあぐらをかくように座るのがよいでしょう。目を閉じる理由は、視覚情報をシャットアウトすることで、イメージングをしやすくするためです。

音の影響を避けるため、窓は閉め、テレビなどは消してください。

また、気分を盛り上げるためにはムードも重要です。

部屋の照明を落として、キャンドルや間接照明をつけると、落ち着いてイメージングがしやすいかもしれません。好きな香りのお香やルームスプレーなどを使って、リラックスできる雰囲気をつくります。

ここはわたしにとって大切な聖域よ！　と思えるマイイメージングスペースをつくるのもおすすめの方法のひとつです。

ちなみにわたしはサロンの白い3人掛けのソファに、天井から天蓋《てんがい》を吊るしてかけています。ふわふわした白いネットを閉じると、お姫様専用（？）イメージングスペースのできあがりです。ネットなので向こうは透けて見えるのですが、自分のスペースが守られている感覚があり、とても安心できます。

せっかくの浄化タイムです。

おうちで行う場合は、そこに座ると気分がよくなるという場所を選んで、イメージングにふさわしい環境をつくってみてください。

理想のお部屋のつくり方

イメージングにぴったりの環境をつくりましょう。

メルヘンな部屋

心癒されるぬいぐるみや人形などは、とくにお気に入りのものを選んでベッドサイドに、それ以外のものは見せる収納などにして片付けます。ピンク色や黄色、花柄、レースなど、好きな色柄のファブリックを使って、絵本から抜け出てきたようなメルヘンな部屋を演出。絵の美しい外国の絵本などをディスプレイしたり、額入りの絵を飾ったりすると、雰囲気が出ます。

とくにベッドとドレッサーまわりをメルヘンな雰囲気で統一すると、いい夢が見られそうです。バラやラベンダーといったフラワーベースの甘い香りや、クラシック音楽などもメルヘンな雰囲気づくりに◎。

夢をかなえるカッコいい女性になる部屋

目に見えるところに、ビジネス雑誌や仕事のモチベーションが上がる小物をディスプレイ。お気に入りのスーツや勝負服が一番見えやすいところにくるように収納します。

仕事で使うパソコンやバッグなどを置く専用のスペースを設け、机まわりはすっきりと整理整頓しましょう。


夢をかなえるピンナップコーナーをつくって、ボードに尊敬する人のインタビュー記事を切り抜いてピンナップしたり、夢や目標を書いた紙を貼ったりしましょう。「将来はこんなテレビや雑誌に取材されるんだ!」というイメージが潜在意識に刷り込まれやすくなります。

リラックスした雰囲気の中にも、どこかにビビットな色を使うと場が引き締まります。

異性にモテモテになる部屋

ハートを開いて、人を受け入れられるように、ピンク色と緑色の力を借りましょう。

部屋の中で育てられる観葉植物を増やし、毎日花を飾るようにします。

飾る花はピンク色のバラやスイートピーなど、ピンク色の花を意識。

花や植物が映りこむように鏡を置き、鏡はピカピカに。鏡は植物に宿る優しいエネルギーを増幅させてくれます。全身が見える鏡以外にも、あちこちで自分を見て「かわいいよ」と声をかけられるように、優美なデザインの鏡を増やします。


また、キラキラ光る小物や、シャンデリアなど、光るものを取り入れてみてください。バラ・リボン・ハート・水玉などのモチーフが、ハートを開くのにおすすめです。

ドレッサーの近くは、ピンク色の小物を。なりたいイメージに近い女優さんの写真を飾ったり、人からもらった手紙など、心があたたかくなるものをそばに置きましょう。

神聖な気持ちになれる部屋

お部屋の中に小さな祭壇をつくりましょう。あなたが大切にしている人の写真や、宝物、水晶などの天然石、神社のお札やお守り、切花などを飾ります。下にレースやクロスを敷いたりすると雰囲気が出ます。


また、インテリアの色数はなるべく少なく抑え、生活感のあるものは見えないように、使わないものはスッキリと収納します。

リラックスタイムにはキャンドルに火を灯し、部屋を薄暗くして集中しやすい環境をつくります。月の光が入るなら、カーテンをあけましょう。

ルームスプレーで部屋の香りを変えたり、あなた自身も、真っ白なネグリジェに着替えるなどして、イメージングを儀式的に楽しみましょう。

イメージングを楽しくするグッズ

ひざかけ

部屋の中は寒くもなく暑くもなくちょうどよい室温がベスト。肌寒い日は足や腰が冷えないように、必要ならひざかけを使いましょう

クッション・ソファ・イス

イメージングを行うときは、居心地のよい場所やポジションを確保するのが大切。もちろん床や畳の上でも大丈夫です

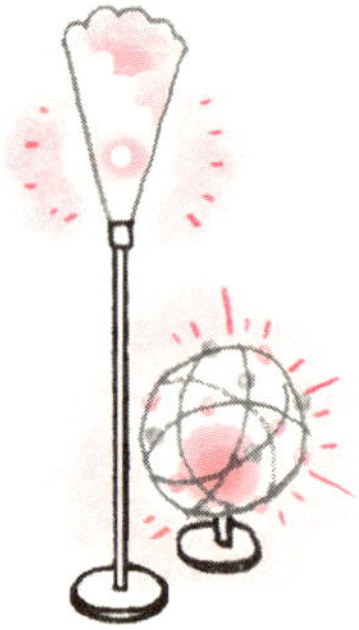

ムードのあるランプ（間接照明）やキャンドル

とくに夜に行うときは、青白い蛍光灯は消して間接照明に。少し薄暗いくらいのほうが集中してイメージングができます。キャンドルだけ灯すのもおすすめです。インテリアショップにはいろいろなデザインのランプや照明があるので、好きなものを選びましょう。オリジナルでつくることもできます

リラックスウエア

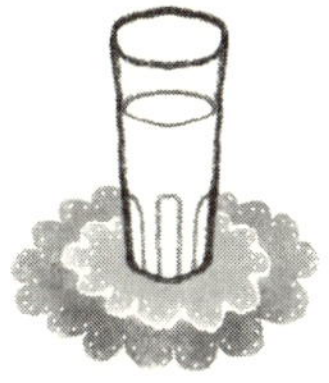

お水・お茶

喉が渇くときはがまんをしないで水分補給を。イメージングをしているうちに代謝がよくなり、水がほしくなる場合があります。そういうときは水分を補給することで、ますます浄化を促すことができます。とくに夜は水か白湯、ノンカフェインの飲みものがおすすめです

ヘッドフォン

お香・アロマ

ヒーリング音楽CD

水晶などの天然石

イメージングができるシチュエーション

イメージングは慣れればどこでもできますが、気軽に行うのにおすすめの場所を紹介します。

トイレ

個室でひとりきりになれるトイレは、格好のイメージングスペース。しばし目を閉じて夢の世界へ

電車の移動中

知っている人がいない分だけ、目を閉じるとイメージングに集中できます。イヤフォンでCDを聴きながら行うこともできるので練習時間にも最適

起きてすぐ

早朝にプチ瞑想として行うと、よい気分で1日をスタートできます

眠る前

その日の疲れやイライラをイメージングでクリアーにしましょう。イメージングが精神を落ち着かせ、心地よい眠りに誘ってくれます

森の中や歩いているとき

空気のよい森の中や、山の中、浜辺などで静かに行うイメージングはクリアリング効果抜群です。場所のよいエネルギーを取り込みやすくなり、アイデアやひらめきも受け取りやすいでしょう。歩きながらでもできますのでお試しください

●ほかに、ランチ後のベンチやカフェなどもおすすめです。

プチ瞑想

イメージで心とカラダを浄化しよう

～実践編～

さあいよいよ、目を閉じて行うイメージングタイムです。
ＣＤのご用意はいいですか？
今日の気分に合ったイメージングを選んで、
あなただけの浄化タイムを楽しんでくださいね。

※「自分を浄化するイメージングＣＤリスト」はP5に載っています

1 愛や感謝の気持ちを呼び起こそう

自分は宇宙の一部。そんな風に考えたことがありますか？　コンクリートに囲まれた都会の生活は、とかく自然とかけ離れがち。わたしたちは自分を機械やモノのように扱い、ともすると自分が自然の一部であることすら忘れてしまいます。

そんな生活を続けていると、心とカラダのバランスが崩れ、自分がまるでひとりぼっちのような心もとなさを感じてしまいます。

でも、実はすべてのものを存在させている根源的なエネルギーはそこかしこにあふれ、あなたは宇宙といつもつながっているのです。

あなたが大きな愛にいつも見守られていることを感じていられるように、宇宙の中心とつながるイメージングを行いましょう。

次にご紹介するセンタリングのイメージングは、スピリチュアルな感性を磨き、あなたの中にある愛や感謝の気持ちを呼び起こすのに役立ちます。

このイメージングを行うと、深い安心や心地よさを感じたり、大きな存在に見守られていることを感じて涙を流したりする人が多いのが特徴です。

よい気持ちがして眠くなる一方で頭がスッキリする効果もあるので、リラックスしたいときや直感力を高めたい場合にもおすすめです。

慣れないうちは宇宙がイメージしにくい場合もあると思いますが、だんだんと慣れてきますのでご心配なく。

また、宇宙の写真（太陽系、夜空、宇宙空間から見た地球など）を見たり、宇宙的な、壮大な感覚を大切にした音楽を聴いたりすることも、センタリングの意識を高めるのに役立ちます。

Track 1

センタリング

宇宙とつながり、直感力を高める「センタリングのイメージング」

宇宙とつながることで頭の中がからっぽになり、幸福感で満たされるイメージングです。

効果

- 頭の中がからっぽになる
- 余計な考えがなくなる
- 集中力がアップする
- 内側からパワーと幸福感がわいてくる
- 自分をリセットできる

こんなときに

・精神を統一したいとき
・リラックスしたいとき
・自分自身を取り戻したいとき
・直感やひらめきを得たいとき

ポイント

・仙骨を立て、背骨をまっすぐにする
・立って行うとき…足を肩幅くらいに開く
・座って行うとき…イスに浅く腰掛け、足の裏が床に接するように
・地球や星の写真を見ると宇宙空間をイメージしやすい
・ひとりになれる静かな場所で行うのがベスト
・おへそのあたり（丹田）に手を当てて行うのもおすすめ

Track 1

センタリング

これから、宇宙とつながり、
直感力を高める「センタリングのイメージング」を
行います。

1

軽く目を閉じて、リラックスしましょう。
イスに座っている人は、骨盤を起こして、背骨を自然に立てて座ります。
足の裏が床に接するように、浅く腰掛けてください。
立って行うときは、足を肩幅くらいに開いて、リラックスして立ちます。

おへそのあたりに手を当ててください。
目を閉じたまま、深呼吸をしていきます。
息を口から、細く長く吐いて、吐ききったら、鼻から吸います。
おへそのあたりまで息が入るような気持ちで吸ったら、
また口からゆっくりと吐きます。
もう1度、繰り返します。

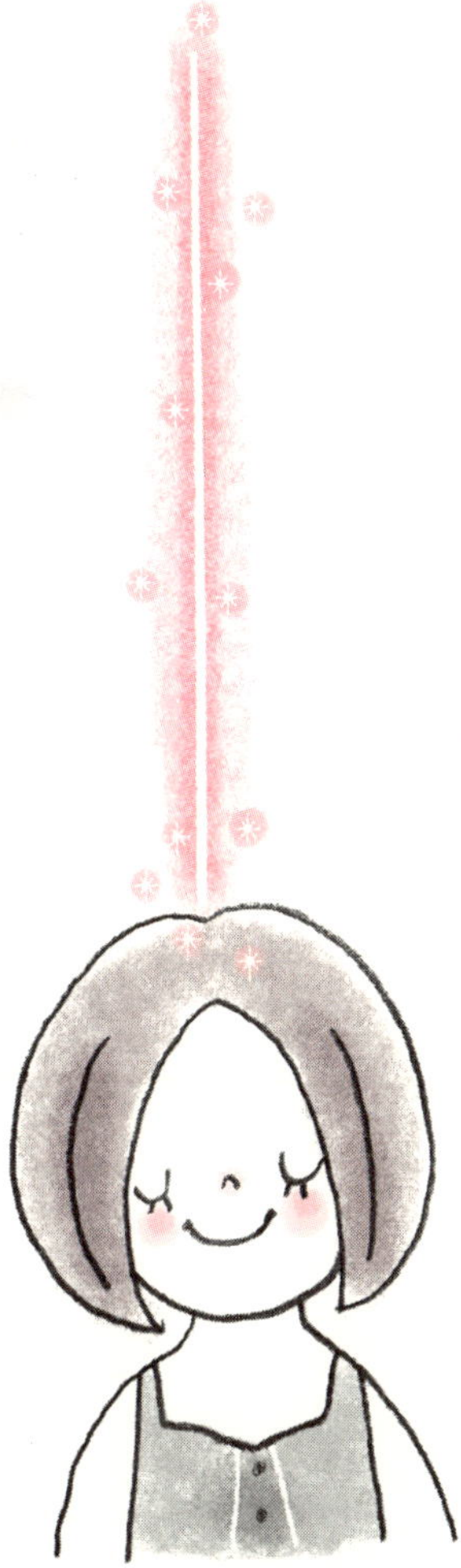

2

呼吸を楽に戻して、頭のてっぺんを意識してください。
頭のてっぺんから、細い糸が、上へ上へと伸びていくのをイメージします。
自分自身はここにいるまま、糸だけをすうっと上へ伸ばしていきます。

3

糸は、あなたの頭を引っ張り上げるかのように、どんどんどんどん伸びていきます。空を越え、雲を越え、さらに高いところへ。細く長い糸が、大気圏を越え、太陽系を越えて、さらに広い宇宙空間へと伸びていきます。

もうこれ以上伸ばせない…というところまで伸ばしたら、さらにワープさせるようにフッと遠くへ飛ばしましょう。

そして、エネルギーに満ちた宇宙の高いところへ糸が到達したら、今度は、その糸の中に、自分自身の本質がすぅっと収まっていきます。
細い糸の中に、自分自身の核となる部分が、収められていきます。
余計なものは何もない、本質だけが糸の中に入りました。

ワンポイントアドバイス

最初は、糸の中に本質を収めていくくだりが少し難しいかもしれません。繰り返し行ううちに慣れてきます。

4

今あなたは宇宙の中心とつながっています。

そして、その糸をたどって、宇宙から光のエネルギーが降り注いできます。
キラキラと光る光のエネルギーが、糸をたどって、
あなたの頭上へと降り注がれてきます。
頭のてっぺんから、まばゆい光のエネルギーが、
カラダの中へとどんどんどんどん流れ込んできます。

今、あなたの中は、キラキラとした光で満たされ、
宇宙としっかりとつながっています。
手先、足先、髪の毛の1本1本まで、光のエネルギーに満たされています。
これが、センタリングの状態です。

ゆっくりと目を開けてください。
これで、宇宙とつながり、
直感力を高めるセンタリングのイメージングを終わります。

2

大地に足をつけて生きる力を身につけよう

誰でも、健康的で、行動できる自分でありたいものですよね。

本当はもっと元気に活動したいのに、なんだか力がわいてこない…。道ですぐ人にぶつかったり、なんでもないところで転んだりしてしまう…。

そんなときは、イメージの力で地球としっかりつながってみませんか?

次にご紹介するグラウンディングのイメージングは、生活のベースを安定させ、しっかりと大地に足をつけて生きる力を高めたい人にぴったりです。

地球を強くイメージすることで、地球がつかさどる「物質的でエネルギッシュな力」を、あなたの中から呼び起こすことができます。

肉体の健康や行動力はもちろん、お金や仕事、性力、活力、これらの物質的な豊かさは、すべて地球のエネルギーと密接なつながりを持っています。稼げる男性ほど色を好むともいいますが、実際に下半身の活力のあるなしと、経済力は無関係ではありません。

地球とつながるグラウンディングのイメージングを続けていると、現実に向きあい、やるべきことに腰をすえて取り組めるようになっていきます。

また、冷えや不眠の症状で困っているときにもおすすめです。カラダの中にたまりがちな不要なエネルギーをすべて地球に浄化してもらいましょう！

はだしで生活したり、股間を意識してお尻をぐっと締めたり、温泉に入ったり、土に触れたり、歩いたり、山を登ったりするのも、日常的にできるグラウンディングの方法として効果的なので、ぜひやってみてください。

大地のエネルギーがあなたを力強くサポートしてくれるでしょう。

Track 2

グラウンディング

地球とつながり、生命力を高める「グラウンディングのイメージング」

あなたと地球をつなげ、生命力を高め、しっかりと大地に根を張るイメージングです。

効果

- カラダがあたたまる
- やる気がわいて行動できる
- 地に足のついた考え方や言動になる
- 望んでいることが現実になりやすい
- お金、モノ、健康など、目に見える形の豊かさに恵まれる
- タフさや生命力があふれてくる
- 食欲・性欲など生命活動に意欲がわいてくる

こんなときに

- カラダが冷えているとき
- 健康になりたいとき
- ネガティブな気持ちになったとき
- なんだかフラフラしているとき
- お金やよい仕事を得たいとき
- 具体的にほしいモノがあるとき
- いい家や不動産とのご縁がほしいとき
- やりたいことがよくわからなくなったとき

ポイント

- 立ったままでも、イスに座っていてもOK
- 慣れないうちは立って行うとイメージしやすい
- グラウンディングは常に意識できるようになるのがベスト
- カラダの痛みやいらない感情、古い思い込みなどを地球に浄化してもらうイメージをすることで、実際に痛みがとれる人も
- 足の裏の感覚に敏感になるとなおよし
- おへそのあたり（丹田）に手を当てて行うのがおすすめ
- Track 1のセンタリングとセットで行うと◎

Track 2

グラウンディング

これから、地球とつながり、
生命力を高める「グラウンディングのイメージング」を
行います。
軽く目を閉じて、リラックスしましょう。

1

イスに座っている人は、骨盤を起こして、背骨を自然に立てて座ります。
足の裏が床に接するように、浅く腰掛けてください。
立って行うときは、足を肩幅くらいに開いて、リラックスして立ちます。

おへそのあたりに手を当ててください。
目を閉じたまま、深呼吸をしていきます。
息を口から、細く長く吐いて、吐ききったら、鼻から吸います。
おへそのあたりまで息が入るような気持ちで吸ったら、
また口からゆっくりと吐きます。
もう1度、繰り返します。

2

呼吸を楽に戻して、胸のすぐ下を意識してください。
胸の下の位置から、大きな太い木の根が生えているのをイメージしていきます。
自分自身が、大きな太い木になったような気持ちで、
胸の下から木の根を下へ下へと伸ばしていきます。

3

根は、地面へと到達し、さらに深い地中へと伸びていきます。
根は、どんどんどんどん地球の奥深いところへ伸びていき、
やがて地球の真ん中で、マグマが赤く燃えている近くにやってきます。
赤いマグマのそばに、根をしっかりと張ってください。

船のイカリを下ろすように、地球と強くつながります。
「もう、地球と離れない」
そんなイメージで、がっしりと根が、大地をつかみました。

あなたは今、ここにいるまま、根だけが地中深くへと伸び、
地球につながっています。
今、足の裏がしっかりと地面に接しているのを感じてください。

ワンポイントアドバイス

カラダがほぐれはじめると、緊張やだるさなどが表に出てくることも。そんなときは早めに休みましょう。

4

そして、根の先から、あなたのカラダの中にある疲れや、もういらない怒りや悲しみ、古い感情、不要な思い込みなどが、どんどんどんどん地球へと吸い込まれていくのをイメージしていきます。

地球の内部へ吸い込まれたネガティブエネルギーは、地中で美しい宝石へと姿を変えていきます。
安心して、地球に吸い取ってもらってください。

そして、いらないものが出きったら、地球のあたたかくて力強い大地のエネルギーが、根の先からあなたの中へと入ってくるのを感じてください。
地球の豊かなエネルギーが、あなたの足先から入ってきて、さらに全身へと広がっていきます。
あなたのおへそのあたり、そしてカラダ全体へと、力強いエネルギーが満ちてきます。

今、あなたはしっかりと地球とつながっています。
これがグラウンディングの状態です。

ゆっくりと、目を開けてください。
これで、地球とつながり、
生命力を高めるグラウンディングのイメージングを終わります。

3 感謝のパワーで仕事のストレスを浄化しよう

「もっと自分の能力を生かして人の役に立ちたい」「もっと喜びの多い仕事がしたい！」仕事のこととなるとやっぱり真剣になってしまいますよね。

真摯に向き合いたいものだからこそ、たくさんストレスも感じてしまうもの。自分の仕事の内容や環境に１００パーセント満足できたら、本当に幸せですよね。仕事に感謝して、ただありがたい気持ちで取り組めば、かならずよい学びがあり、喜ばれる結果が出てきます。

不安や心配、孤立感、強すぎるプレッシャーなどを、イメージの力でスッキリ浄化して、クリアーな気持ちで仕事に向き合いましょう。

次にご紹介するのは、仕事のやる気をアップさせるイメージングです。

同時に、仕事に対するネガティブな感情や価値観を浄化するにもおすすめです。たとえば「仕事はがまんしてやるもの」「仕事はわたしから時間を奪う」「仕事なんて本当はしたくない」…そんな思い込みも、イメージの力で洗い流して、少しずつポジティブなものに変えていきたいですね。

仕事で成果をあげる人は「仕事が大好き！」「仕事はかならずうまくいく」「仕事は本当にありがたい」という価値観を持っています。

苦手な仕事がやってきたときにも、「この仕事は、自分に何を教えてくれているのだろう？」と考えてみることで、また一歩、ステージをあげることができます。

ほかにも、仕事内容や環境の異なる人と出会い、積極的にお互いの仕事観をシェアしあうことをおすすめします。視野が広くなり、望ましい仕事のやり方やスタイルのイメージが膨らみやすくなるでしょう。

Track 3

仕事で成功

仕事がうまくいく「感謝と笑顔のイメージング」

仕事に感謝し、やる気を引き出し、最高の結果を生み出すイメージングです。

効果

- 仕事に落ち着いて取り組むことができる
- 愛情をもって仕事に向き合うことができる
- いい仕事ができ、収入があがる
- あなたが望む仕事のチャンスに恵まれる
- 仕事に感謝できるようになる

こんなときに

- 仕事にネガティブな印象を持っているとき
- 仕事にやりがいが見つけられなくなったとき
- 仕事へのやる気を高めたいとき
- プレッシャーを強く感じているとき

ポイント

- ひとつの仕事に取りかかる前に儀式的に行うのがおすすめ
- 家に帰っても仕事が気になって仕方がないとき、それを手放すのにも効果的

Track 3

仕事で成功

これから、仕事がうまくいく
「感謝と笑顔のイメージング」を行います。
ゆっくりと目を閉じ、リラックスしましょう。

1

あなたが、成し遂げたい仕事は何ですか？
思い描いてください。

あなたの仕事は、かならずうまくいきます。
仕事は、かならずうまくいきます。
かならず、最善のことが起こります。

あなたを見守っている大きな存在は、
あなたにぴったりの仕事を用意してくれました。
あなたが少し背伸びをすれば、クリアできる仕事ばかりです。
勇気をもって、チャレンジしましょう。
仕事の先には、かならず喜びがあります。
あなたは、ただベストをつくせばいいのです。

愛をもって行う仕事は、かならず愛の結果をつくるでしょう。
あなたは、あなたの仕事を通して、愛を表現できます。

> **ワンポイント　アドバイス**
>
> 独立して仕事をはじめるなど新しい仕事にチャレンジするときは、モチベーションアップに使うと効果的です。

❷

想像してください。
あなたのする仕事は、あちこちで人に喜ばれています。
たくさんの笑顔と、うれしそうな笑い声、感謝の気持ち。
そして、その喜びの波動が、めぐりめぐって、あなたへと返ってきます。

想像してください。
たくさんのお客様が、あなたの仕事やサービスを待っています。
あなたに「ありがとう」と感謝の言葉をかけてくれます。
ありがとうございます。
うれしい気持ちでいっぱいになります。

今、あなたが選び、あなたを選んでくれた仕事に、お礼を伝えましょう。
そして、これからやってくる仕事を、心から歓迎しましょう。

仕事を与えてくださって、ありがとうございます。
仕事を通して、尊い出会いを与えてくださって、ありがとうございます。
学ばせてくださって、ありがとうございます。
活躍の場を、ありがとうございます。
仕事を通して、人の役に立てることに、改めて感謝の言葉を伝えましょう。

大丈夫。あなたは、かならず、いい仕事ができます。

ゆっくりと目を開けてください。
これで、仕事がうまくいく感謝と笑顔のイメージングを終わります。

考え方をネガからポジへ変換するための例文

仕事

×「わたしにできるのかな?」

○「わたしにちょうどいい仕事しかこない!」

×「失敗したらどうしよう」

○「やることをやったら、あとは天におまかせ!」

×「仕事が多すぎる」

○「仕事があるってありがたい。だけどもっと心地よくやるためには何ができるだろう?」

×「自分の時間がとれない」

○「今の状況はわたしに何を学ばせてくれているのかな?」

●人間関係

×「また嫌な人に会っちゃった」

○「この人はわたしに何を教えてくれる人なのかな？」

×「どうしてあの人はあんなことをするの？」

○「世の中にはいろんな人がいて、あの人はあの人できっとがんばっているんだよね」

×「あの人がもっとこうならいいのに」

○「どんな人間関係をつくるかはわたし次第！　付き合う人もわたしが選べる！」

×「手のかかる人ばかり！」

○「本当は自分でしっかりやれる人なのよね。もっと信頼してまかせてみよう」

●将来（未来）

×「どうせ期待してもこの先そんなにいいことないでしょ」

○「未来をつくるのはわたし！　将来はバラ色！」

×「わたしには夢をかなえるなんて無理」

○**「夢はかならずかなう。わたしにはその力がある！」**

×「最悪なことが起こったらどうしよう」

○**「わたしには最善のタイミングで最善のことが起こる！」**

×「一生ひとりかもしれない」

○**「わたしにぴったりの人が現れるのは時間の問題！」**

●性格

×「落ち込みやすい」

○**「上がったり下がったりして、かわいいわたし！」**

×「何をしても続かない」

○**「好奇心旺盛だから、けっこう情報通！」**

×「嫉みやすい」

○**「まいったな、わたしって向上心が強いのよね！」**

×「言いたいことが言えない」

○「奥ゆかしいのもほどほどにしようっと！」

×「人見知りしてしまう」

○「仲よくしてくれる人がいるんだからラッキーだわ！」

●外見

×「体型が気に入らない」

○「もっと美しいカラダになれるとしたらどうしたらいい？」

×「わたしなんて魅力がない」

○「本当は自分が大好き！　世界一かわいいよ！」

×「吹き出物が気になる」

○「これはカラダからのサインね！　胃腸を休めてよく寝たらすぐ消えるわ！」

×「顔色がいまいち」

○「わたしは人に会うと美人度がアップするから大丈夫！」

4 遠慮しないでもっとお金を呼び込もう

両手をいっぱいに広げて、満面の笑みで「大金、カモーン！」。これをワクワクした気持ちでいえるなら、あなたはすでに充分なお金を手にされていることでしょう。

お金はとても大切なもの。ですが、質素倹約を美徳として育った多くの人は、お金に対して複雑あるいは苦手なイメージを抱きがちです。以前のわたしなどは、お金を数えることすらイヤで、手元のお金を把握することをずっと避けていました。お金と向き合うと、みじめな気持ちや怒りがわいてきそうでこわかったのです。

もしかするとあなたも心のどこかで、「（お金なんて）どうせ来てもまた去っていくんでしょう？」「たくさんもらっても、実は困る。どうしていいのか不安になる」などと思っていませんか？

それではせっかくお金が近くに寄ってきていても、気おくれして、チャンスをつかみそこねてしまいます。

でも、大丈夫です！　イメージの力を使って、お金を受け取る器をつくりましょう。

次にご紹介する金貨のイメージングは、お金に対する苦手意識を浄化するのに役立ちます。そして、「わたしはお金に恵まれる！」と、得たい豊かさを受け入れる心の土壌をつくっていきます。あなたの中に豊かさを受け入れる準備ができると、現実がどんどん変わっていくでしょう。

イメージングを楽しく使って、本当の願いを邪魔しているブレーキをするするとはずしていきましょう。

必要なお金が手に入る「金貨のシャワーのイメージング」

お金が手に入ることを自分に許し、器を大きくするイメージングです。

効果

- 大金のチャンスがやってきたときに受け取れる
- 人におごられることやお金をいただくことが増える
- 仕事に対して適正な対価を受け取ることができる
- 収入が上がる
- お金のありがたさや楽しさに気づく
- お金を得ることや使うことに喜びを見出せる

こんなときに

- お金を受け取ることに遠慮があるとき
- もっと大きなお金を得たいとき
- お金にネガティブな印象を持っているとき

ポイント

- できれば笑顔で行おう
- 実際にお札を目の前に置いてお金へ意識を向けるのも◎
- イメージングの後半は、両手を広げてお金の重さを感じるのがおすすめ
- お金がやってくるうれしさを味わおう

Track 4

お金と仲よし

これから、必要なお金が手に入る
「金貨のシャワーのイメージング」を行います。
ゆっくりと目を閉じ、リラックスしてください。

1

あなたは、あなたの仕事を通して、あなたの中にある深い愛を表現しています。
まわりの人のために、そして自分が心地よくあるために、いつも一生懸命です。
それは、天が喜ぶ仕事です。
神様の仕事をしている限り、お金はかならずついてきます。
まわりの人の感謝と喜びが、お金という形になってあなたのもとへ返ってきます。

さあ、遠慮しないで、両手をいっぱいに広げて、ほしいお金を受け取りましょう。

頭上から、キラキラと輝く金貨が、雨のように降り注いできます。
あなたの器を広げるように、胸を開き、手を広げてください。
金色のシャワーに、身をまかせてください。
豊かさのエネルギーが、あなたのカラダに浸透していきます。

2

何百万円でも、何千万円でも、何億円でも、
あなたが望むお金を、あなた自身に許すことで、お金を受け取る器ができます。
あなたは、それに見合う価値のある人です。

「わたしは自分にふさわしい金額を受け取ります」そう宣言しましょう。
もっと受け取ってもいいのです。
あなたが認めるお金の価値に、あなた自身を合わせていきましょう。
あなたは、あなたが自分に許すだけのお金を手にすることができます。

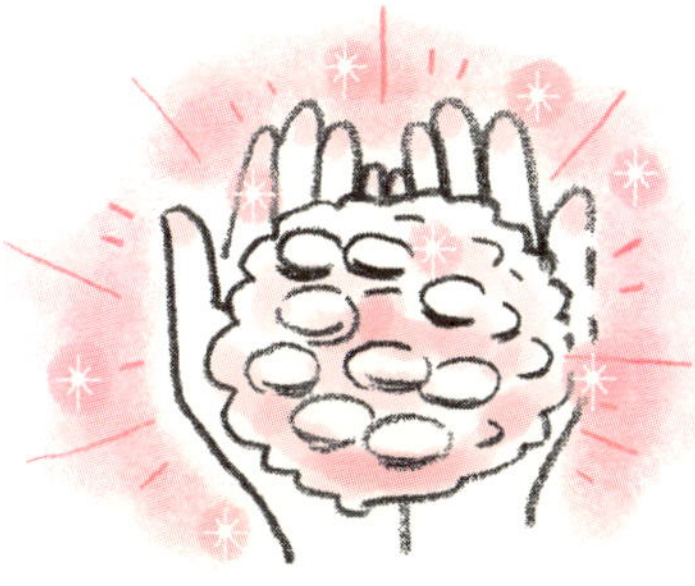

3

すでにやってきているお金のエネルギーを、手の中に感じてください。
手のひらが、だんだん重くなってきます。
すでにお金は、あなたに向かってやってきています。

こぶしに豊かさを握り締めて、ゆっくりと目を開けてください。
これで、必要なお金が手に入る金貨のシャワーのイメージングを終わります。

お金を呼び込む14の言葉

「わたしはお金が大好きです！」

「わたしはいくらでも受け取ります！」

「わたしはお金と仲よしです」

「お金はわたしをますます豊かにしてくれる！」

「お金があるから、いろんな経験ができる」

「わたしはお金に愛されている」

「いつも必要なだけお金が入ってくる」

「わたしは金運がいい！」

「わたしはいずれ大金をつかむ！」

「年を追うごとにますます豊かになっていく」

「お金がわたしをめがけてやってくる」

「わたしはお金と付き合うのが上手」

「お金はわたしに楽しさを与えてくれる」

「わたしはお金に恵まれる！」

5

心とカラダのゴミにさよなら

イライラ、ムカムカ、疲れ、悲しみ…。

美と健康のためにも、こんなネガティブなエネルギーはためておきたくないものです。

ですが、ほんの少しゴミ出しを怠《おこた》ると、すぐに心やカラダにたまってしまいます。出しているつもりでも、いつのまにかたまりがちなゴミ、ゴミ、ゴミ…。

「ああ、いっそのこと、お掃除のプロにこの身をまかせたい！」

そんなときは、イメージの力でお掃除してもらいませんか？

次にご紹介するイメージングは、小さなショベルカーがやってきて、あなたの心やカラダを徹底的にお掃除してくれるものです。あなたはただ座っているだけ。ショベルカーが勝手に、筋肉や関節にたまった疲れも取り去ってくれます。

また、「なんだか顔色が冴えないし、気持ちも晴れない」というあなたは、頭のまわりのオーラがグルグルした思考によって汚れてしまっているかもしれません。考えすぎると、険のある表情になってしまいます。

いつのまにか美しさも運も逃してしまわないように、このイメージングで頭の中もお掃除してもらってください。

心もカラダもすっきりリフレッシュすると、オーラの輝きも増し、あなたの魅力が全開になります！

Track 5

身も心もスッキリ

心とカラダのゴミを片付ける「ショベルカーのイメージング」

小さなかわいいショベルカーが心やカラダの中をお掃除してくれるイメージングです。

効果

- 心もカラダも頭もスッキリする
- ショベルカーのイメージがかわいいので癒される
- カラダがあたたかくなる

こんなときに

- 最近自分をいたわっていないなと感じるとき
- 週に1度の心とカラダの大掃除に
- なんとなく疲れを感じるとき
- 何かに身をゆだねたいとき

ポイント

- イスや床に座って行うと効果大
- 目の前に少し空間のゆとりのある場所がベスト
- 涙が出てくるときは、自然にまかせる
- ゴミを燃やすときの気持ちなども味わおう
- 家族や友人と輪になって座って行うのもおすすめ

これから、心とカラダのゴミを片付ける
「ショベルカーのイメージング」を行います。

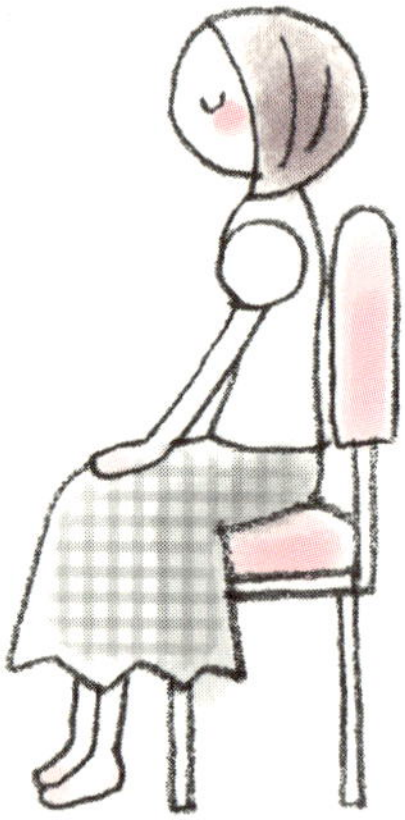

1

リラックスしてイスに腰掛け、軽く目を閉じてください。
息を口からふーっと吐きましょう。

2

目の前の床や地面に、広い空間があるのをイメージしてください。
向こうのほうから、小さな、たくさんの、かわいいショベルカーが、
あなたに向かって進んできます。
カラフルな楽しい色をしたショベルカーです。

3

小さなショベルカーは、あなたの足元からあなたのカラダを登ってきます。
そして、あなたのカラダの中へと入っていき、
疲れや、もういらない古い感情をゴリゴリと掘り出していきます。

ハートの深いところへ入っていくショベルカーがあります。
頭の奥のほうへと入っていくショベルカーがあります。
背中の真ん中あたりで、ゴミをすくっているショベルカーがあります。

4

ショベルカーは、ゴミをすくっては、またぞろぞろと、
あなたの前の空間に戻り、
そこにゴミの山を築いていきます。
あなたにたくさんの疲れがたまっているとしたら、
応援のショベルカーがぞくぞくとやってきてくれます。

もっと必要なら、一気に数十台のショベルカーを呼びましょう!
1台1台が、あなたから不要なエネルギーを掘り出し、
それを運び出してくれます。

目の前の空間には、もういらないものが山のように積まれてきました。

そろそろ、もういいでしょうか。
ショベルカーに、お礼をいって、お別れしてください。

ショベルカーが、ぞろぞろと帰っていきます。

ワンポイントアドバイス

ゴミを燃やすプロセスで、今のあなたに不要なものを美しい炎で燃やし、気持ちよくさよならしてくださいね。

5

では、集まったゴミの山とさよならしましょう。
今、マッチに火がつけられ、目の前の山に点火されました。
すべてがキラキラ光る光となって、天に昇っていきます。
今は不要なものも、すべて、元は愛だったのです。
ありがとうをいって、お別れしましょう。
不要なエネルギーは光となって昇華され、
あなたのエネルギーも同時にクリアーに浄化されていきます。
心もカラダも軽くなってきます。

ゆっくりと目を開けてください。
これで、心とカラダのゴミを片付けるショベルカーの
イメージングを終わります。

6

スイートなイメージで心に「ごほうびタイム」を

働く女性の多くはスイーツが大好きです。甘さは疲れを癒し、ごほうびを欲する心を満足させてくれます。

好きな人から浴びるほど甘いささやきをもらうことができるなら、一番の癒しになりますが、日常生活はあわただしくて甘いムードから遠のきがち。

残業を終えて帰宅すると、もう夜中だというのについチョコレートやプリンに手が伸びて、後から後悔してしまう……。

そんなときは、舌に広がる実際の甘みではなく、スイートなイメージをいただくごほうびタイムにしませんか？

甘いイメージは、糖分を摂るのと同じようにあなたの疲れを癒してくれます。

次にご紹介するのは、子パンダと遊ぶというイメージングです。

飼っているペットに癒されるという人も多いように、動物との触れあいには癒し効果がありますが、とくに「かわいい～!!」とメロメロになるような動物の赤ちゃんは、絶大な癒しパワーを持っています。

実際の生活では思うように動物と触れあえなくても、イメージの世界なら大丈夫。ほんの数分、ふわふわ、ぬくぬくの妄想の世界へ旅立ってみましょう。

また、甘い気持ちにさせてくれる大恋愛のロマンス小説や、キレイな女優さんやカッコいい俳優さんたちが繰り広げる恋愛ドラマ、ラブラブなマンガや映画も、あなたのごほうびになります。愛くるしいキャラクターグッズやアニメなども、そのスイートな魅力であなたを癒してくれるでしょう。

甘い香りのフレグランスやアロマ、フルーツティーなども、心にうるおいを与えてくれるので、スイートなイメージングのお供におすすめです。

Track 6

リラックス

ひたすらリラックス「パンダとぬくぬくイメージング」

かわいい子パンダに癒されて元気になるイメージングです。

効果

- リラックスした気分になる
- 満ち足りた気持ちになる
- 自分を大切にできるようになる
- 子どものようなピュアさを取り戻せる
- 自分のペースを取り戻せる

こんなときに

- 疲れて帰宅した夜
- やっとひとりになれたとき
- とにかく癒されたいとき
- 誰かに甘えたいとき
- ぬくぬく気分でゆるみたいとき
- あたたかくてやわらかいものが恋しいとき

ポイント

- もし涙が出てきたら、かまわず泣いてしまおう!
- パンダをあなたの好きな動物に変えてもOK
- パンダグッズをそばに置いてイメージするのもおすすめ

Track 6
リラックス

これから、ひたすらリラックスする
「パンダとぬくぬくイメージング」を行います。
軽く目を閉じて、リラックスしましょう。

1

あなたは今、肌触りのよいじゅうたんの上に寝転んでいます。

そこは広々としていて、ちょうどよい温度の、快適な空間です。

ほのかに、甘い香りがしています。


あなたが静かにじゅうたんの感触を楽しんでいると、向こうから小さな子どものパンダがやってきました。

パンダは、もこもこしたカラダを揺らしながら、あなたに向かって近づいてきます。

黒い瞳がキラキラ光る、かわいらしい子パンダです。

遊ぼうよ!　とあなたにすりよってきます。

2

パンダを抱きしめてみましょう。

あたたかな生き物の鼓動が感じられます。

ふわふわした毛並が心地よく、まるでやわらかな毛布のようです。

3

しばらく、パンダと遊びましょう。
あなたと遊ぶことができて、パンダもうれしそうです。
パンダがぺろぺろとあなたの顔をなめてきます。
足にじゃれついてきて、離れません。
やんちゃな性格のようです。
あなたも、いつのまにか夢中でパンダと遊んでいます。
パンダは案外重さがあります。
あなたはその重みを、幸せに感じます。

4

充分遊んだら、パンダが山に帰る時間です。
ありがとう、またね!
またいつでもここで会いましょう!
パンダはうれしそうに、おしりを揺らしながら帰って行きます。
そのうしろ姿を見ながら、あなたの心も、ほっこりとあたたかくなっています。

ゆっくりと目を開けてください。
これで、ひたすらリラックスするパンダとぬくぬくイメージングを終わります。

ワンポイントアドバイス

パンダ以外にも、好きな動物や天使、妖精などと遊ぶオリジナルイメージングをつくって楽しんでください。

7

「わたしは今日もキレイ!」を口ぐせにしよう

「キレイだね!」「よし、今日も美人!」と、鏡の中の自分に声をかけていますか?

わたしたちは心の余裕がなくなると、鏡を見る頻度が減ってしまいます。

それは自分を気にかけていないのと実は同じこと。いつも気にかけてもらって、感謝されて、応援されていると、元気になるのは人もお肌も同じです。

どんどん肌が美しくなっていくイメージを使って、ますます若々しく、イキイキした美しさを手に入れましょう。

次にご紹介するのは、あなたの声や応援の気持ちを肌に伝え、肌を元気にしていくためのイメージングです。「わたしはキレイ！」とイメージすると、ホルモンバランスが整い、肌が輝きだします。

また、「今日のあなたは最高にキレイ！」と肌に言い聞かせるうちに、あなた自身のセルフイメージも、どんどん高まっていきます。

セルフイメージを高く持つことは、あなたの美を高め、維持するために欠かせないこと。普段から「キレイでとても大切な人」として自分を扱っていると、まわりからも丁重に扱われるようになります。高いセルフイメージに沿って自然に行動するようになり、思い描く通りの自分になることができるのです。

イメージングで、若さや美へのあきらめを浄化し、肌本来の力を呼び覚ましましょう！

また、優しい気持ちでいるとき、人の手のひらからは癒しのエネルギーが出ているので、ふんわりとやさしく自分の肌に触れてあげましょう。みるみるうちにぷりぷり、もちもちになっていきますよ。

Track 7

お肌ぷるぷる

若さと美しさを保つ「ピンクのキレイイメージング」

ピンクの色彩効果で、お肌の若さと美しさをアップさせるイメージングです。

効果

- 肌を活性化させ、若さを維持する
- 肌がうるおい、つるつるすべすべになる
- お化粧のノリがよくなる
- 気分が若返る
- フレッシュな魅力が増す
- フェミニンさがアップする
- 内面から美しさがにじみ出る

こんなときに

- メイク前や洗顔後に
- 夜のお肌のケアタイムに
- 仕事の休憩時間に
- 両手があいたときに
- 肌に疲れを感じるときに
- 顔色が冴えないときに

ポイント

- 仕事の合間や電車の中でも◎
- 両手で顔を包み込むようにするといっそう効果的
- マッサージをしながらや、出かける前に聞き流すのもおすすめ

Track 7

お肌ぷるぷる

これから、若さと美しさを保つ
「ピンクのキレイイメージング」を行います。
軽く目を閉じて、リラックスしましょう。

1

息を口から細く吐いて、両手でやんわりとほお全体をおおいます。

やわらかな、ピンク色の桃を優しく包むようなイメージです。

2

今、あなたは鼻から、ピンク色の空気を吸い込んでいます。

顔の細胞の1つひとつにまで、ピンクのエネルギーが行き渡り、
細胞が元気になっています。

細胞が、にっこりと笑っています。

「若返らせてくださって、ありがとうございます」

「いつも健康な肌でいてくれて、ありがとうございます」

みるみるうちに、イキイキとした、健康な細胞になっていきます。

あなたの手のひらからも、ピンク色の愛のエネルギーが出てきて、
顔全体がピンク色におおわれています。

肌は、どんどん潤いを増し、弾力のあるプリンとした感触になっていきます。

3

今、あなたは、やわらかな額に包まれた、ピンク色のお花になっています。
あなたを賞賛する声が、あちこちから聞こえてきます。

4

今日のあなたは、最高にキレイ。
今日のあなたは、肌がぷるぷる。
今日のあなたは、瞳がうるうる。
今日のあなたは、髪がツヤツヤ。
今日のあなたは、オーラピカピカ。
今日のあなたは、みんなにモテモテ!

ゆっくりと手を離して、目を開けてください。
これで、若さと美を保つピンクのキレイイメージングを終わります。

ワンポイントアドバイス

リラックスタイムに、両手で顔をおおって深呼吸をしているだけで、お肌が喜ぶ天然エステになります。

8 食べものに感謝し、ゆっくりと栄養を取り込もう

がんばりやさんは、自分の胃や腸にもがんばることを強要しがちです。

なんだかカラダの調子がすぐれないなぁというあなた。最近、外食が続いていませんか？　ほんの少し食べ過ぎになっていませんか？「忙しいから」と急いで食べていませんか？

わたしたちは、心がさみしいときや物足りなさを感じているとき、おなかはいっぱいなのにモノを口に入れてしまいがちです。

好きな人と夢中で話したり、趣味に没頭したり…と、心から楽しんで満足しているときには、満腹になるまで食べなくても満ち足りていますよね。

イメージで満ち足りた気分を先取りすることで、余計な「もうひとくち」を避けることができます。

次にご紹介するイメージングは、食べものに感謝し、ゆっくりと栄養を取り込むためのものです。豊かさを感じながら食事をすると、「まだ足りない」と思う気持ちが浄化され、量が多くなくても満足することができます。

なぜか無性に食べてしまうときは、心が本当に欲しているもの、自分自身を本当に満たしてくれる感情や思いはなんなのか、思いめぐらしてみましょう。ダイエットにつながるヒントが浮かぶことがあります。

また、充分眠っているのに、朝がだるくて疲れが取れないというときは、内臓からのサインです。激務が続いている内臓を休めてあげましょう。それには食事の量を減らすのが一番効果的です。

次のイメージングを食事前にしていただくと、食べるスピードがゆるやかになり、よくかんで食べ、結果的に食べる量を減らすことにもつながります。

Track 8

食事に感謝

「食べものからパワーをもらうイメージング」

いただきますのポーズで、合掌をしたまま行うイメージングです。

効果

- ゆっくりと味わって食べることにつながり、食べものの栄養を取り込める
- 食べすぎにならない

こんなときに

・食事の前に

ポイント

・深呼吸をしながら食べものに手をかざし、
食べもののエネルギーを手で感じるのもおすすめ

Track 8

食事に感謝

これから、「食べものからパワーをもらうイメージング」

を行います。

1

軽く目を閉じて、できれば合掌してください。


あなたが今日口にしたものや、目の前にある
食べものに、感謝を伝えていきましょう。

わたしのカラダの一部になっていただき、ありがとうございます。

細胞を1つひとつ若返らせ、カラダのすみずみに、パワーを与えてくださってありがとうございます。

尊い命のエネルギーを、ありがとうございます。

2

食べものから、光のパワーが立ちのぼるのをイメージします。

食べものは、生きるエネルギーで、光り輝いています。

あなたも、食べものに、感謝のエネルギーを注ぎ込みます。

ワンポイントアドバイス

食べものに感謝しながら、よくかんでゆっくり食べる習慣がつくと、胃腸の調子がよくなってきます。

3

これから、ひと口ひとくちを、ゆっくりとかみしめながらいただきます。
栄養が、カラダ全体に行き渡るのを感じてください。

ゆっくりと、目を開けてください。
これで、食べものからパワーをもらうイメージングを終わります。

9

心の奥底にある声に耳を傾《かたむ》けよう

仕事や家事に追われるような日々を長く過ごしていると、本当にやりたいことがわからなくなるときがあります。

気持ちの優しい人ほど、職場の人や家族など、まわりの人の意見を尊重しすぎて、自分の本音が見えなくなることもあるでしょう。

でも、そんなとき、「自分がわからない！」と焦らなくても大丈夫。周囲に気を取られていると心の声が聞こえにくくなるだけです。落ち着いて自分と向き合うことさえできれば、かならずどうしたいのかという希望が見えてきますし、心の奥では解決策も知っています。

カンタンなイメージングを使って、自分の心にアクセスし、たましいのメッセージを受け取る練習をしましょう。

次にご紹介するのは、海でイルカとたわむれるイメージングです。あなたのために、日常から離れることのできるプライベートビーチをご用意しました。「なんだか心が自由でないなあ」と感じるなら、イルカに会いに行きましょう。心からリラックスするとき、本当に望んでいることが感じられるはずです。

また、迷いの迷宮に入り込んだときは、静かに目を閉じて、胸に手を当ててみてください。そして「本当はどうしたいの?」と自分に聞いてあげます。リラックスして問いかけると、あなたの中にいる愛にあふれた存在が、その問いに答えてくれるでしょう。

自分を信頼しましょう。あなたは何でも知っています。心の奥底には、愛にあふれ、人生の目的を知っていて、宇宙一流の知性を持った神様のようなあなたがいるのです。

Track 9

本心にアクセス

たましいのメッセージを受け取る「イルカのイメージング」

心がなんだか自由でないなあと感じるときに行いたいイメージングです。

効果

- リラックスできる
- 遊び心がわいてくる
- やりたかったことを思い出す

こんなときに

- 自由な気持ちになりたいとき
- 友達と話したいとき
- 何をしたいのかわからなくなったとき
- 疲れてしまったとき

ポイント

- イルカは自由と平和の象徴
- 慣れてくるとイルカからのメッセージは受け取りやすくなる
- イルカのメッセージは、あなた自身からの言葉でもある

Track 9
本心にアクセス

これから、たましいのメッセージを受け取る
「イルカのイメージング」を行います。
軽く目を閉じて、リラックスしましょう。

息を口から、細く長く吐いてください。

1

あなたは今、海へ来ています。
広くて、明るくて、おだやかな海です。
視界いっぱいに、青い海が広がっています。
優しい潮風が、浜辺を歩くあなたのほおをなでていきます。
とても心地よい気分です。

海には、イルカがいます。
イルカは、あなたを歓迎しています。
あなたの心の声を聴くことのできる優しいイルカです。
浜から海に入って、しばらくイルカと遊んでみましょう。

2

一緒に泳いだり、イルカのジャンプを見たり、ただ、波にただよったり。
あなたもイルカも兄弟のように、一緒になって楽しみます。

3

楽しい時間を過ごしたら、そろそろイルカとのお別れの時間です。
浜にあがろうとしたあなたに、イルカがメッセージを伝えようとしています。
イルカは、何といっていますか?

受け取ってください。
そして浜へと戻りましょう。
イルカは、自由なあなたの心を代弁してくれました。
しっかりと大切に、イルカのメッセージを受け取ってください。

ゆっくりと、目を開けてください。
これで、たましいのメッセージを受け取るイルカのイメージングを終わります。

ワンポイントアドバイス

イルカからのメッセージは言葉とは限りません。ビジョンやカラダの感覚、あなたの気分も大切にしてください。

10

イメージの力で集中力を大幅アップ！

「よし、やるぞ！」そう決めた途端に、かならずすばらしい集中力が発揮できたら、どんなに人生がスムーズでしょう。

勝負の世界に生きるスポーツ選手は、イメージングをフル活用しています。金メダルを取って無数のフラッシュを浴びている自分、自己最高記録でゴールテープを切る自分…。彼らは、もっとも高いポテンシャルを発揮している自分を、何度も何度も繰り返しイメージし、結果を残しているのです。

わたしたちも、望ましい結果のシーンをイメージすることで、不安や恐れを払拭《ふっしょく》し、抜群の集中力を発揮することができます。

次にご紹介するイメージングは、自分自身にエンジンを搭載してスピードアップするというもの。あなたが仕事で成果をあげたいときに効果的です。ナビに目的地を入力するように、得たい結果とその時間をイメージで宣言します。すると不思議なほど集中でき、物事がうまく運びます。

わたしは仕事をするときは大抵、「○時までに○○の執筆を終わります。ありがとうございます」「○時までにスムーズにすべてがうまくいきました！」というように自分に宣言してからはじめます。買い物も同じで、事前に「○時までに、○○さんへのステキなプレゼントが見つかって買えました！」という具合にイメージしてショッピングへ。するとだいたいその通りに終わります。

慣れてきたら、「この時間までに、いいアイデアが浮かび、仕事を終えることができます」「最高の結果を出して、定時きっかりで帰ることができます」など、アレンジを加えて使ってみてください。続けていると、精度はどんどん増してきますのでお楽しみに！

Track 10

集中力アップ

仕事がぐんぐんはかどる「エンジン搭載！　F1イメージング」

やるべきことが山積みのときに行う、スピードアップのイメージングです。

効果

- 集中力がつく
- 仕事のスピードアップ
- 残業をしないで仕事を終えられるようになる

こんなときに

- 仕事に取りかかる前に
- 気が進まないことを片付けるときに

ポイント

- 楽しくお仕事スイッチを入れたいときにもっとも効果的

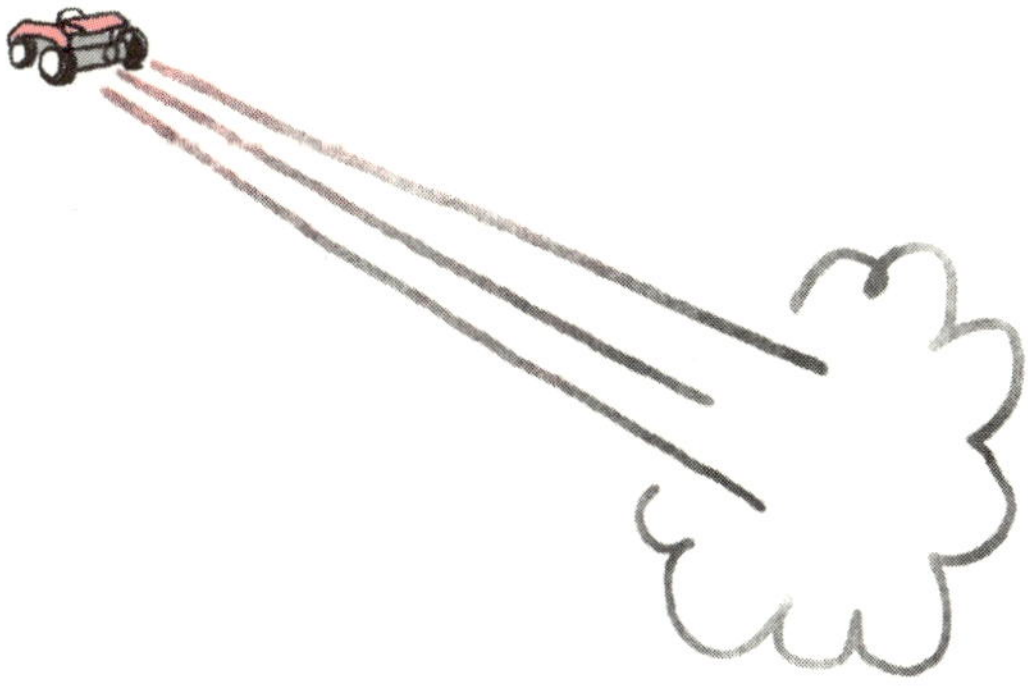

Track 10

集中力アップ

これから、仕事がぐんぐんはかどる
「エンジン搭載！　F1イメージング」を行います。
軽く目を閉じて、リラックスしましょう。

口から、ゆっくりと息を吐いてください。

1

あなたは今、F1のレースが行われる会場に来ています。
この場所はにぎやかで、たくさんの人が、
今か今かとレースのはじまりを待っています。
あなたはこれから、驚くほどの集中力でひと仕事するためにここにいます。

2

あなたは、世界最高の技術が結集した、F1カーです。
たくさんの優秀なエンジニアがあなたをピカピカに磨きあげます。
あなたの腰のあたりに、スーパーエンジンが搭載されました。
今この瞬間、今までのスピードとは比較にならないくらい、
ハイレベルで、高性能なあなたに生まれ変わったのです。

3

さあ、あなたがこれからこなしたい仕事は何ですか?
あなたは、それをかつてないほどスピーディに、
そして正確に行うことができます。

イメージしてください。
あなたには宇宙最高の能力があります。
では、これからいつまでに、どこまでの仕事を行うかを決めましょう。
それを、ナビに記録します。

ワンポイントアドバイス

集中力が続かなくなってきたらメンテナンスの合図です。働きすぎは禁物。しっかり休みを取りましょう。

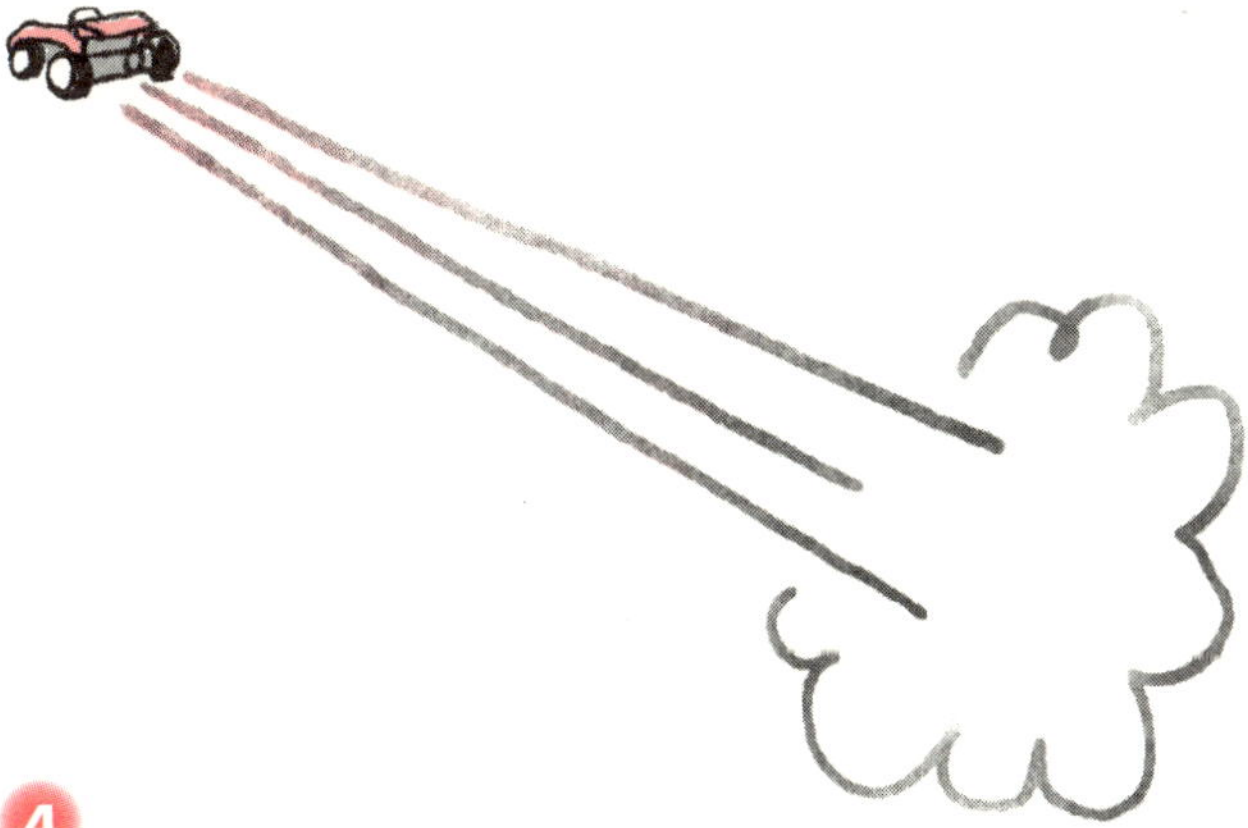

4

記録しましたか?
これでもうあなたは、自動的にその目的地に向かって進んでいくだけです。
目を開けると、信じがたいほど集中力の高いあなたになっています。
あなたの目的地に向かってエンジンをふかしていきましょう!

エンジン全開!!
フルスロットル!!

ゆっくりと、目を開けて、あなたの目に、強い力が宿っているのを感じてください。

これで、仕事がぐんぐんはかどるエンジン搭載! F1イメージングを終わります。

集中力を高める言葉

●普段の何倍もの成果を出したいとき

「わたしは天才！　わたしは天才！　わたしは天才！」

「いつもよりうまくいくとしたら、どうしたらいい？」

●なんとなくやる気がでないとき

「よし！　気分転換しよう！」

●仕事の納期が迫っているとき

「納期に間に合いました。ありがとうございます」

「大丈夫！　すべてが順調！」

「かならず間に合う！」

「わたしは強運！」

●プレッシャーの中で仕事に取り組むとき

「かならずベストが出せる。すべてうまくいく！」

●自信がないとき

「大丈夫！　わたしにできない仕事は来ない！」

「かならずみんなに喜ばれる！」

「できることをするだけでいい！」

11

ポジティブな未来イメージを自分に許そう

「生まれつき楽天家だったらどんなにラクだろう？」

小学生のころ、おでこに気難しい横ジワをつくっていたわたしは、常々そう思っていました。親からも「案ずるより生むが易し」とよく言われたものです。

でも、「自分のイメージが自分の現実をつくる」とレイキの師匠に教わってから、なるべく自分にとって都合のよいことを考えたり、イメージしたりするようにしてきました。

するとどんどん夢がかない、まわりの人からも「楽しそうですね」といわれるようになったのです。

ポジティブ思考は、量稽古。練習していると自然と身につきます。

次にご紹介するイメージングは、バラ色の未来を描き、考え方のパターンをポジティブに変えていくのに役立ちます。

あなたの目の前に広がる真っ白なスクリーンに、自由な未来を描いていきましょう。

すぐにネガティブな予測が頭をもたげてしまうあなたも大丈夫。

過去は関係ありません。これからは明るいイメージばかりを抱くようにしていけば、それでいいのです。

まず、イメージで幸せを味わった上で、夢がかなっていくプロセスを楽しみましょう。やがて、実際に夢がかなった喜びを現実に体感できるようになります。

人生は何重にもおトクにできているのです。

Track 11

ポジティブ思考

バラ色の未来を描く「未来スクリーンのイメージング」

続けるうちにポジティブな未来を思い描けるようになるイメージングです。

効果

- 考え方をポジティブに変える
- 明るい展望が抱けるようになる
- 過去が気にならなくなる

こんなときに

- ネガティブな予想が頭をもたげてしまうとき
- こうなってはイヤだと思うシミュレーションが止まらないとき

ポイント

- イメージングに出てくるアファメーション（肯定的な宣言）を口ぐせにすると、次第に前向きな考え方になれる
- ネガティブイメージを妄想したら、直後に「今のなし！」と訂正を入れることを習慣にしよう

これから、バラ色の未来を描く
「未来スクリーンのイメージング」を行います。

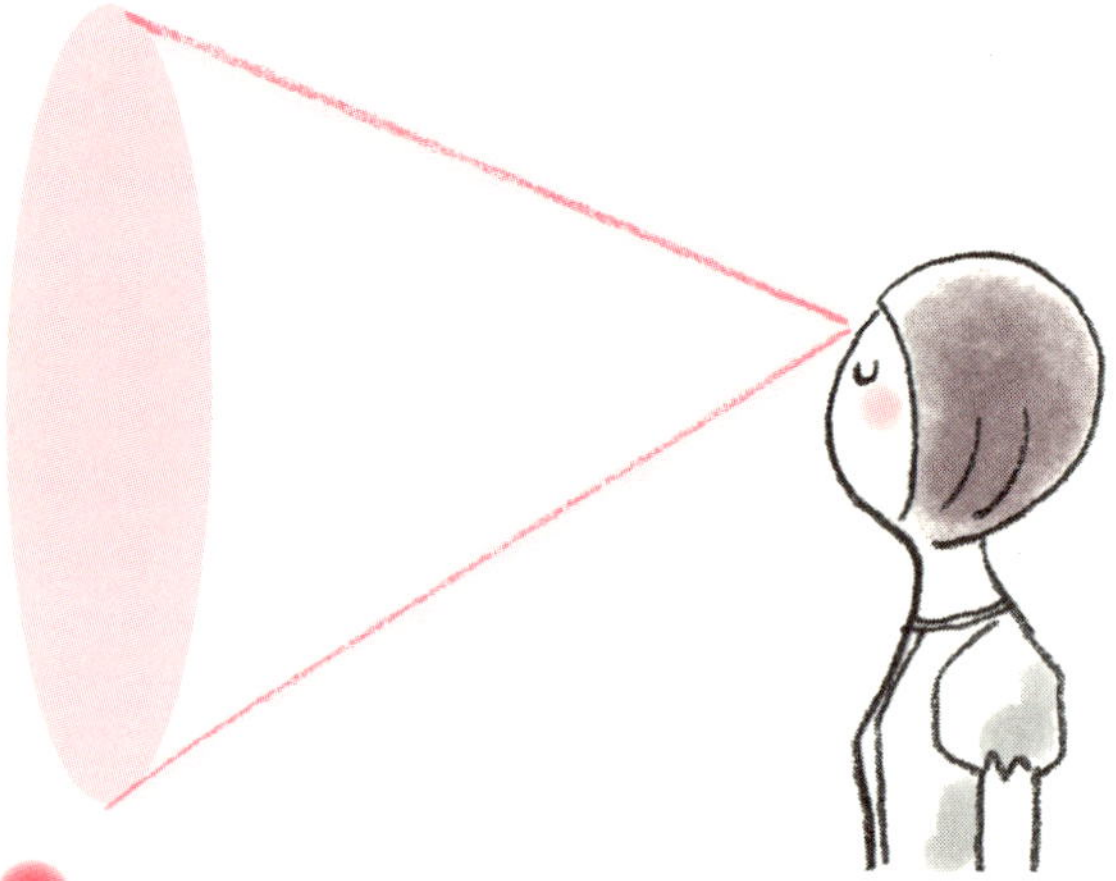

1

軽く目を閉じて、あごをほんの少し上げてください。
視線を、上ななめ前方に変えます。
額の前から、白い光がビームのように飛び出し、
それが扇形に広がって、
目の前に巨大なスクリーンを広げるのをイメージしてください。
まばゆい、真っ白なスクリーンです。
あなたのどんな未来も、ここに描くことができます。
視界が光で真っ白になったら、わたしがこれから言う言葉を、
心の中で唱えてください。

ワンポイントアドバイス

スクリーンのイメージができるようになったら、そこに望ましい未来を映画のように思い描きましょう。

2

「未来は明るい!」

「将来はバラ色!」

「夢はかならずかなう!」

「人生はすばらしい!」

そして、自分に宣言します。
これからは、いいイメージばかりを抱き、
それがすべてかなっていくのを楽しみながら生きていきます。
わたしは、わたしの人生の主役です。自分の人生を堂々と生きていきます。

ゆっくりと、目を開けてください。

これで、バラ色の未来を描く未来スクリーンのイメージングを終わります。

12

あなたを邪魔する声をカンタンにお片付け

何か新しいことをしようとすると、頭の中でそれを邪魔する声がわき起こるものです。

脳にある大脳旧皮質という場所は、変化を好まない場所。「今のままでいいじゃない」「変化なんてこわいよ」と、「今のままがいい理由」をいろいろと探し出してきては、チャレンジしようとするあなたの足をひっぱります。

でも、本当のあなたはチャレンジャー。もっと成長したい、進化したいという強い欲求があるので、ここで葛藤が起こってきます。変化への恐れを越えて、その先にある幸せをつかみたいときに、イメージの力を利用してみませんか？

直感に従ってやりたいことをはじめたり、ずっとしてみたかったことにトライしたりするには、頭の中で合唱するうるさい声に、少しだまってもらうことも必要です。

次にご紹介するイメージングは、変化を邪魔する耳障りな声を聞こえなくするためのもの。ラジオの中に、いらない声を封じ込めてさよならしてしまいます。カンタンですが、あなたの中にある、もう不要な古い価値観を片付けていくことにも効果があります。

もしかすると、こだまする声は自分のものではなく、親や周囲の人にいわれて傷ついたひと言や、あなたを心配する友人の少しいじわるな発言かもしれません。あなたを不自由にする声を大切に取っておく必要はありません。言葉の裏にある愛だけを受け取って、余計な声は浄化しましょう。

いらない声を片付ければ、心もカラダも不思議なほど軽くなり、さまざまなことに思いきってチャレンジできるようになります。

Track 12

不安や心配を浄化

余計な声を聞こえなくする「ラジオのイメージング」

あなたがやりたいことを想像するとき、それを邪魔する心の声を浄化していきます。

効果

- あなたをしばっている古い価値観から自由になる
- やりたいことに取り組めるようになる
- 勇気を出して1歩を踏み出すことができる

こんなときに

- 頭の中でうるさい声が聞こえるとき
- やりたいことを人から反対されるとき
- 心配性な自分をなだめたいとき

ポイント

- 雑音を消すと、やりたいことが明確になる

Track 12

不安や心配を浄化

これから、余計な声を聞こえなくする
「ラジオのイメージング」を行います。
軽く目を閉じて、リラックスしましょう。

1

やりたいことがあるとき、それを邪魔する声が響いてくることがありますか?

「そんなのムリだよ」「できるわけないでしょ」

「あなたにそんな才能があると思ってるの?」

そんなネガティブな声が聞こえてくるとしたら、
あなたのどのあたりで聞こえますか?　頭の上のほう?

それとも、後ろのほうですか?

ひとりの声?　それとも、複数の声でしょうか?

それは、お母さんの声ですか?　自分の声ですか?　上司の声ですか?

あなたの成長や変化を止めようとしている、そのおせっかいで心配性な声には、
しばらく遠くへ行ってもらったほうがよさそうです。

2

あなたの足元に、小さなラジオがあるのをイメージしてください。

そのラジオの中に、今までうるさく聞こえてきた、邪魔な声をすべて封じ込めます。

3

入りましたか？
ラジオからは、今まで聞こえていた声が、
ヘリウムガスを吸った後のようなおかしな声になって聞こえてきます。
なんの説得力もありません。
まだそのラジオの声が気になるときは、ボリュームを絞って、
声を小さくしましょう。
もう、ほんのかすかな音でしか聞こえてきません。

OKです。

4

最後に、そのラジオを、サッカーボールのようにして足でポーンと蹴飛ばしてしまいましょう。
「さようなら〜」
ラジオは星になって消えていきました。

ゆっくりと、目を開けてください。
これで、余計な声を聞こえなくするラジオのイメージングを終わります。

ワンポイントアドバイス

あなたを気にかけてくれる人の愛だけをありがたく受け取りましょう。あなたの人生はあなたのものです。

13

ほめられて伸びるのは大人も同じ

「よくやったねえ！」「あなたはすばらしいよ！」最近誰かにそんな風にほめてもらいましたか？

「こんなにがんばっているのに…」「もう疲れちゃった…」

わたしたちがドッと疲れをおぼえるのは、充分ほめられていない、認めてもらえない、報われていないと感じるときではないでしょうか？

とくに大人の世界は、何ができても「できて当たり前」のようなムードがただよい、なかなか手放しでほめてもらうチャンスがありませんよね。

それどころか、がんばればがんばるほど目標を高く設定されたり、まだまだできると自分にムチを入れ続けていたり…。これでは疲れるのも当たり前です。

ブレイクタイムを取りましょう。

次にご紹介するイメージングは、いつも本当によくやっているあなたへ、見えない世界から届く応援のメッセージです。

あなたはいつも、本当によくやっています。

自分にできる精一杯のことをすでにやっているのです。

誰かがかならずそれを見ています。

ですから、まずは日々がんばっている自分を大いにほめて、ハナマルをつけてあげてください。

自分に惜しみないプレゼントやごほうびを与え、元気をチャージできる自然の中に出かけましょう。

あなたが自分をねぎらい、ほめるほど、周囲からもねぎらわれ、賞賛されることが増えてくるでしょう。

Track 13

自分への励まし

応援されて元気になる「森の小人のイメージング」

いつも本当によくやっているあなたへ、
見えない世界から届く、応援のメッセージです。

効果

- 元気になる
- あたたかな気持ちになる

こんなときに

- 落ち込んだとき
- 報われないと感じるとき
- 誰かに励ましてほしいとき

ポイント

- リラックスできる場所に座って行おう

Track 13

自分への励まし

これから、応援されて元気になる
「森の小人のイメージング」を行います。
軽く目を閉じて、リラックスしましょう。

1

あなたは、緑色の森を歩いています。
あたたかな日差しが心地よく、空気はとってもすがすがしい。
あなたは、胸いっぱいに、新鮮な空気を吸い込みます。

2

森を歩いていると、一面の花畑に出ました。
ピンクや黄色、赤、紫、青など、色とりどりのカラフルな花が咲いています。
よく見ると、楽しそうに花を摘んでいる小人さんがいます。

ワンポイントアドバイス

小人さんやお花畑のイメージが日によって変わることもあります。秘密の花園を楽しみましょう。

3

あなたが、声をかけようかな？　と迷っていると、
小人のひとりが、あなたに小さなかわいい花のブーケを手渡してくれました。
いつも一生懸命にがんばっているあなたを小人さんは知っています。
ブーケは、みんなからの応援の気持ちです。
「ありがとう!」そういって、かわいらしいブーケを受け取ってください。

4

よく見ると、ブーケには、あなたを励ます、メッセージカードが入っています。
メッセージには、なんと書いてありますか？

あなたは、愛にあふれた、
すばらしい人です。
あなたのがんばり、
あなたの純粋な気持ちを、
いつも誰かが応援しています。
あなたは、愛にあふれた、
すばらしい人です。
もらったメッセージを
胸にしまって、
小人さんに手を振って
お別れしましょう。

ゆっくりと目を開けてください。
これで、応援されて元気になる森の小人のイメージングを終わります。

14

「大丈夫」の語りかけで病を吹き飛ばそう

「あれもしなきゃ、これもしなきゃ」「ああ、やることがいっぱいある〜」

そういうときに、あれ？　あらら…？

風邪のような症状があらわれて、「こんな忙しいときに限って！　風邪なんてひいている場合じゃないよ〜！」とがっくりきたりへこんだりすることがありませんか？

心とカラダはしっかりつながっていて、いつもあなたの中でよいバランスを保とうと調整を行っています。それでも起こる突発的なカラダの不調は、このままではバランスがとれなくなってしまうと知らせてくれているサインです。

なかでも風邪は、精神が混乱しているときや、本当の自分との調和が取れていないときに起こりがちです。

混乱している自分自身の心を静めるには、寝てしまうのが一番。とはいえ、今眠るわけにはいかないという人は、ぜひ次にご紹介するイメージングを試してみてください。

イメージを使って、穏やかな心を取り戻すことで、驚くほど症状が治まっていくことがあります。あなた自身に語りかけ、安心させてあげましょう。

わたしは、鼻がぐずついて「風邪かな?」と感じたら、すぐこのイメージングを行っています。すると呼吸がずいぶん楽になり、鼻水が止まって、その日のうちに回復することがたびたびあるのです。風邪の予防にもぜひ活用してください。

また、普段考えすぎて混乱しがちな人は、なるべく「単純でシンプル」を心がけていると、だんだんと風邪を引きにくい体質になっていくようです。

Track 14

自然治癒力アップ

風邪の症状を癒す「自分を愛するイメージング」

風邪かな？　と感じたとき、
混乱気味の心を静めることで回復力を高めます。

効果

- 精神的に安定してくる
- 自然治癒力が高まる
- 風邪の症状などが軽減される
- 焦りが消えていく

こんなときに

- 風邪かな？　と思ったとき
- 心が落ち着かないとき
- おだやかな気持ちになりたいとき
- 忙しすぎると感じるとき

ポイント

- セリフは、実際に口で唱えると効果的
- 声を出すときは、かみしめるように、自分に言って聞かせよう
- 症状が軽くなっても、心とカラダを休ませることはもちろん大切
- ほかに「わたしは、おだやかで落ち着いています」「わたしは、わたしが大好きです」のセリフも効果大

これから、風邪の症状を癒す
「自分を愛するイメージング」を行います。
軽く目を閉じて、リラックスしてください。

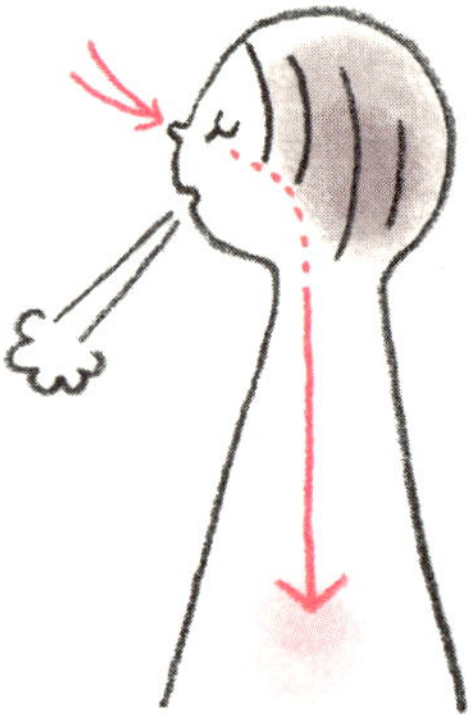

1

息を口から細く長く吐いて、吐ききったら、鼻から吸います。
吸った息がおへそのあたりまで入っていくような気持ちで、
何度か繰り返しましょう。

2

ゆっくり深く息が吐けるようになったら、
胸とおへそに手を当てて、これから続く言葉を、
心の中で唱えてください。

「大丈夫。わたしには、自由な時間も空間もたっぷりある」

かみ締めるように、ゆっくりいって聞かせます。

「大丈夫。わたしには、自由な時間も空間もたっぷりある」


細胞の1つひとつに、語りかけるように伝えます。

「大丈夫。わたしには、自由な時間も空間もたっぷりある」

1回唱えるごとに、カラダの状態が変わっていくのがわかります。

ワンポイントアドバイス

30分ほどの仮眠や、したいと思っていることを紙に書いていくことも心を落ち着けるのに効果的です。

大丈夫
私には、
自由な時間も
空間も
たっぷりある

3

あなたの中にあった風邪を引き寄せた理由は、もう消えていきました。

4

大丈夫。じきによくなります。
あなた自身を大切にしてあげてください。

ゆっくりと目を開けてください。
これで、風邪の症状を癒す自分を愛するイメージングを終わります。

風邪予防に効くお手当てグッズ

マスク

のどの乾燥はウイルス感染を引き起こします。映画館、コンサート会場、電車や飛行機の中など、多くの人が集まり乾燥しやすい場所に出かけるときは、マスクを持っていると安心です

赤い下着・腹巻

冷えは健康の大敵。赤い下着は、カラダをあたためる効果があります。さらに腰まわりを冷やさないように、薄い腹巻を使うと安心です

バスソルト

心とカラダを浄化する塩のお風呂で、リフレッシュ。好きな香りや色の入浴剤で日替わりお風呂を楽しむのもおすすめです。なるべく添加物の少ないものを

パシュミナ・カイロ

冷房が効きすぎた室内はカラダだけでなく心も冷やします。かさばらない防寒グッズをバッグにしのばせておきましょう

よい香りのサシェ

気分が悪くなったとき、よい香りをかぐことで楽に呼吸をすることができるようになります。外出時には、ユーカリなどの香りを染み込ませたハンカチなど、よい香りを携帯しておくと便利です

水筒の水

水分不足は、心とカラダにとって大きな負担。新鮮な水を飲むことで、気分を変えることができます

手鏡

落ち着かない気持ちになったとき、自分の顔を見ると平静を取り戻すことができます

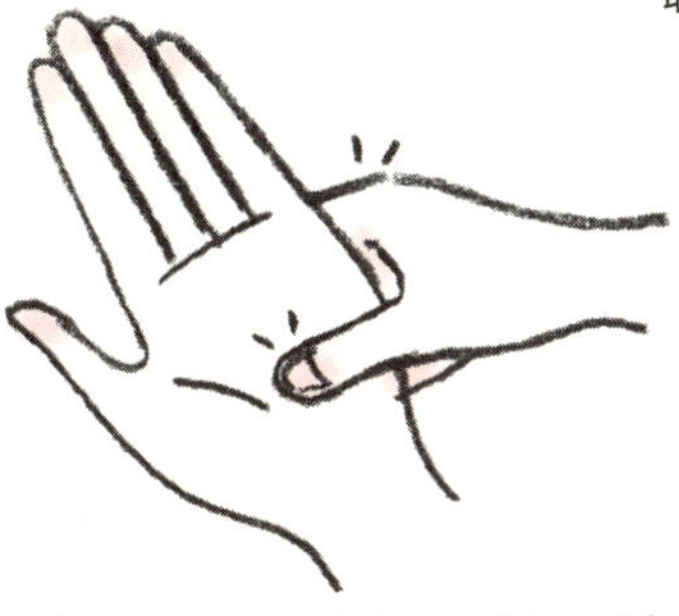

爪もみ・ハンドマッサージ

カラダが冷える、代謝がよくないと感じるときは、爪の根元を押したり、手のひらや指をマッサージすると血行がよくなります

笑える文庫本

どんなときでも開くと笑ってしまう、そんな文庫本があると心強いもの。笑いは、痛みを麻痺させるホルモンを分泌します。携帯の待ち受け画面に、思わず笑ってしまうような写真を登録しておくのもおすすめ

15

眠る前はイメージングに最適な時間

眠りの質は、人生の質に比例しています。このところ、よく眠れていますか？

朝起きて、出かける支度をして、人によってはお弁当をつくって、あわただしく家を出る…。外では山のようにやることがあり、ヘトヘトになって帰ってきて、家事や片付けをしていると、あっという間にもう寝る時間。

「何にもできなかったな…」なんてさみしい気持ちで眠りについていませんか？

昼間の疲れをお布団の中まで持ち込んだら、翌朝もどんよりした気分で目覚めることができます。寝る前には、モヤモヤした気持ちをすべてクリアーにしておきましょう。

次にご紹介するイメージングは、不要な思いや感情を浄化して、スッキリ気分で眠りにつくのに役立ちます。お風呂に入って不要なエネルギーを洗い流し、身も心もキレイになったら、さあ、最高にうれしい時間のはじまりです。

実は、眠る前の受容的な精神状態は、絶好のイメージングタイム。

このときに望ましいイメージを思い描くと、脳が素直にそれを受け入れるため、現実として立ちあらわれてきやすいのです。ですから、気がかりなことがあっても大丈夫。起きたらもうあなたは新しい人に生まれ変わっています。前日とはまったく違うすばらしい1日を手にすることが可能です。

「今日もすばらしい1日だった。こんなことがとてもうれしかったし、わたしはよくやった！　神様、今日もありがとう。明日もすてきな1日になる！」

そんな感謝に満ちた気持ちで、清潔な寝具に包まれて眠りにつきましょう。

きっといい夢が見られますよ。

Track 15

ぐっすり安眠

いい夢を見る「おやすみなさいのイメージング」

今日1日に感謝しながら、スッキリ気分で眠りにつけるイメージングです。

効果

- 感謝に満ちた気持ちで眠りにつける
- 翌朝の目覚めがスッキリとする

こんなときに

- おやすみ前に布団の中で
- やり残したことがあるような気分の夜に
- 明日に疲れを残したくないとき

ポイント

- 毎晩このイメージングをしながら眠ると◎

Track 15
ぐっすり安眠

これから、いい夢を見る
「おやすみなさいのイメージング」を行います。
軽く目を閉じて、リラックスしましょう。

1

今日も1日、ご活躍でした。
すばらしい1日でしたね。
あなたは、今日、ベストをつくしました。
本当に、よくやりました。
自分で自分を大いにほめましょう。
これからはごほうびの時間です。
お布団にゆったりと身をまかせ、たましいの故郷へ帰りましょう。
カラダは寝ている間に、疲れたところを癒します。
カラダが、動いて調整しやすいように、力を抜いて、楽な姿勢をとりましょう。

2

思い出してください。
今日は、どんなうれしいことがありましたか?
小さなことでもかまいません。
うれしかったことを、3つ、思い浮かべてみましょう。

ワンポイントアドバイス
今日1日に感謝して眠るようにしましょう。この習慣を続けていると、前向きな自分になっていきます。

3

そして、これから、あなたが望む、うれしい未来を思い描きましょう。
明日のあなた。
1年後のあなた。
3年後のあなた。
10年後のあなた。
あなたは、日々、理想の生活に近づいています。
宇宙は、あなたの望むものをすでに準備して、
あなたが受け取るのにちょうどよいタイミングを待っています。

4

さあ、明日は最高の1日になります。
あなたのカラダにお礼をいいましょう。
ありがとうございます。
今日出会った人たちにお礼をいいましょう。
ありがとうございます。
心とカラダを癒す、すばらしい夢の世界へ、これから向かいます。
おやすみなさい。

眠りの質を高める言葉

●とくにカラダが疲れているとき

「起きたら、超元気！」

「ぐっすり眠って、明日は最高のわたし！」

●なんとかストレスを追い払いたいとき

「神様、ご先祖様、夢の中でわたしにアドバイスをください」

「明日は、すべてうまくいく！」

「今日もよくがんばった。明日は最高の1日になる！」

「今日もすばらしい1日をありがとう」

●明日も元気よく、意欲的に目覚めたいとき

「明日もすばらしい1日になるわ。いい予感がする！」

「明日はどんないいことがあるだろう？　楽しみだな！」

「明日はどんなおいしいものを食べよう？」

●お肌がツルツルできれいな自分で目覚めたいとき

「肌よし、顔よし、気分よし！　おやすみなさい」

「目が覚めたら、肌がすべすベツヤツヤになっている。ありがとう」

「明日は最高の肌になるわ。お肌よ、ありがとう」

「明日はどんな美人になっているだろう？　楽しみだな！」

心地よく深い眠りにつくお役立ちグッズ&習慣

●お役立ちグッズ

- 海の音の流れるCD
- リラックス系のアロマポット
- 枕元に香りのいい花を飾る
- 大好きな音が鳴る目覚まし時計
- 自然素材（綿やシルク）の寝巻き
- 部屋の乾燥を防ぐコップ1杯の水
- 枕に吹きかけるピローミスト
- 朝の目覚めにひと吹きする化粧水のスプレー
- カラフルな下着（冷えるときは赤、健康になりたいときは白、胃が痛いときは黄、全

身を癒したいときは紫など）
・前向きな気持ちになれる本
・カラダをあたためるハーブティかお白湯

●習慣

・眠る前に今日よかったことを思い出す
・今日出会った人や出来事にありがとうと感謝する
・ひとりでも「おやすみなさい」と声に出して眠る
・家族におやすみのキスをする
・お風呂で水とお湯を交互にかけて手足をあたためる
・お布団の中を乾燥機や湯たんぽであたためておく

プチ瞑想

イメージで夢をかなえよう

CDのイメージングは、イメージの翼を広げるための
基本レッスンのようなもの。
イメージすることに慣れてくると、
あなたをしばっていた制限がはずれ、
自由でうれしくなるようなイメージが
どんどん出てくるようになります。
イメージの力で、夢をかなえていきましょう。

イメージが実現するのは「時間の問題」！

すべてのものを存在させている根源的なエネルギーのことを、レイキの世界では宇宙エネルギーと呼んでいます。そして、エネルギーの世界では、イメージの「想像」とクリエイティブの「創造」はイコールであるといわれています。

実は想像しただけで、そのイメージはエネルギーとしてすでに存在しているのです。エネルギーはまだ目に見える形になっていないだけで、すでにあり、それが目に見える形になって現れてくるのはただ「時間の問題」なのです。

「この世界は人間のイメージでできているんですよ」「あなたの現実は、あなたがつくりあげているのです」

そうレイキの師匠から教わったとき、わたしは20代後半でしたが、それまでの人生でそんなことを考えたこともなく、本当にびっくりしたのを覚えています。

でも、試しに朝出かけるときに「今日はいい日になるね！」とうれしそうにいうと、確かにうれしい出来事が起こります。大切な約束に遅刻しそうになり、「大丈夫、すべてうまくいく！」とイメージすると、相手も遅れて到着してふたりして「ちょうどよかった」となります。はじめて参加する場に「かならずいい出会いがある」と思って出かけると、確かにすてきな出会いに恵まれるのです。

こうして、イメージが現実をつくっていくことを体験的に学んできました。

ですから、あなたが愛で満たされたいのであれば、すべてのものがあなたを祝福し、愛の光で包まれている姿をイメージしましょう。ステキな人に囲まれていたいなら、すばらしい人にばかり出会っている自分をイメージします。

あなたの望むイメージが実現するのは、ただ「時間の問題」です。

本気で願えば思いは実現する

誰の元にもたえず降り注いでいる宇宙エネルギーは、「思い」を「現実」に変えることを応援する、愛のエネルギーです。あなたがバラ色の人生を生きるのだと決めるなら、それをサポートするように働いてくれます。

そして宇宙エネルギーは、進化の方向へ向かって流れるという方向性を持っています。この無限の宇宙エネルギーをくみ出す最良の方法のひとつは、本気になることです。

あなたの人生では、あなたが神様、あなたがすべての創造主です。

あなたがこうと決めたことが現実になります。

ですからまずは、「わたしは幸せになる人だ」と決めましょう。不幸も病もあなたには似合いません。嫌なことがあってそれを忘れたいなら、「心もカラダもスッキリ浄化する！」と決意します。自分をつらくするのが昔の出来事なのだとしたら、「わたしは、たまっている悲しみや怒り、不要な思い出とさよならします」と決めましょう。

そして「わたしは、わたしの人生の主役です」と宣言し、「すばらしくて優しい人たちに囲まれ、愛と感謝を感じながら生きる」ことに本気になりましょう。あなたは、あなたが思うままの人になっていきます。

ただしどんなに愛していても、他人の人生を「思いのまま」にすることはできません。パートナーや家族であってもです。自分が自在にできるのは、自分が主役になっている人生だけ。他人は変えられませんが、自分自身はどんなふうにも変えられます。

夢をかなえていくために、自分の人生の主役を生きる覚悟を決めてください。

ワクワクする心が幸運を引き寄せる

あなたのイメージは、思い描いた途端に、見えないエネルギーとして存在しはじめています。その「イメージ」は特定の周波数を持っていて、その波動を日本はもちろん、宇宙全体へと響き渡らせているのです。

同じ周波数同士は、共鳴しあうので、あなたの「イメージ」がほかの物質的なエネルギーと共鳴し、やがて、目で見え、触ることのできる形で目の前に立ち現れてきます。

　ですから、クリスマスのサンタさんを指折り数えて待つ子どものように、「いつ願いが（触って体験できる）現実となるのかなあ」とワクワクしながら、待っていればいいのです。

子どものころと少し違うのは、「いい子にしていたらサンタさんがプレゼントを持ってきてくれる」のではなくて、「自分が磁石のように、プレゼントを引き寄せる」のだということ。

あなたという人は、無意識的にもさまざまな周波数を発している存在です。そのあなたが発した周波数に共鳴して、まわりから同じ周波数を持つ人やモノ・情報・出来事などが引き寄せられてきます。

あなたの周波数が愛や感謝に基づいたポジティブなものであればあるほど、それにふさわしいものが引き寄せられてくるでしょう。

自分が思うとおりの人生を誰もが生きることができます。ですからその「思い」を心配や不安の方向ではなく、よりワクワクするポジティブな方向に向けていきましょう。

望む未来を「形」で表現しよう

みなさんの中には、「わたしは、イメージするのが苦手かも…」という方もいらっしゃると思いますが、どうぞご心配なく。イメージする力は、本来、誰もが持っているものです。

小さな子どもは、みんな無心にお絵描きができますよね。クレヨンを持った子どもを観察していると、何もない白い紙にざくざくと不思議でおもしろいものを描いていきます。絵を描くというのは、イマジネーションの賜物《たまもの》。現実と空想の区別がつかないほど、豊かに広がる想像の世界を持っている子もたくさんいます。つまり、人は誰でもイメージする力を持っているのです。

でも、大人になるにつれてだんだんと絵が描けなくなっていきます。「自由に描いていい」といわれるとかえって戸惑い、何かお題がほしいと思う人もいるでしょう。無意識に制約を求めてしまう心が、自由な表現にフタをしています。

それは、時間や数字に追われる中で、いつのまにか想像の世界で過ごす時間が少なくなっているからかもしれません。使わない筋肉が衰えるように、自由にイメージをする右脳の力が衰えてしまうのです。でも、大丈夫。ちょっとしたトレーニングでイメージ力を復活させることができます。

紙と色鉛筆を用意して、思いつくままに自分の理想のライフスタイルを絵に描いてみましょう。雑誌の切り抜きや写真などを切り貼りして、1枚の理想の絵をつくるのでもOK。文章が得意な人なら、言葉で箇条書きにしてもいいし、ストーリィとして書き出してみてもよいでしょう。もちろん、音楽や歌で表現してもOKです。「楽しい」「うれしい」「おもしろい」を大切に、感じるままに想像力の翼を広げていきましょう。

望む未来を「言葉」にしよう
～アファメーション～

あなたはアファメーションという言葉を耳にしたことがありますか？

アファメーションとは、肯定的な宣言のこと。

自分にかける暗示的な言葉で、「こうなってほしいな」とこれから現実にしたいことを、すでにかなっているかのように先取りして感謝する言い方です。

「○○したい」「○○になるといいな」ではなく、「○○になってありがとう」「○○になる（なりました）」というように、現在形や完了形で言葉にするのが特徴です。

たとえば、「わたしを大事にしてくれるステキな彼が現れました。ありがとうございます！」「落し物はすぐに見つかります。ありがとうございます」「電車の席が空いて座れました、ありがとうございます！」というように、これから起こることをイメージですでに体験し、喜んでしまうのです。

アファメーションのコツは、「ああ、よかった！」「本当にうれしい！」「わたしって宇宙一の幸せ者！」という具合に、かなってしまった状況を感情的に味わうことです。すると、ほどなくその状況が訪れ、実際に感謝することになります。

言葉は昔から「言霊《ことだま》」といわれ、呪術的な力を持つとされてきました。言葉は、イメージの源です。なにげなく口にしたり、考えたりしている言葉によって、あなたの現実がつくられているといっても言いすぎではありません。

だったら、口にするとうれしくなる言霊のパワーを上手に使って、望ましい現実をつくりましょう。自然にポジティブ思考になっていきますし、願望を現実にする力が身についてきます。

あなたの価値を高める魔法のアファメーション

あなたが自分自身をどう思っているかで、人生が決まるといっても過言ではありません。あなたは、あなたが思うとおりに、人からも扱われます。あなたの内なる美徳を賞賛し、愛してあげましょう。次にご紹介する言葉を口ぐせのように唱えることで、セルフイメージが高まり、次第にあなたの価値もあがっていきます。

●外見

「わたしは、バラのように美しい」
「わたしは、世界一かわいい」
「わたしは、オーラが光り輝いています」
「わたしは、とても魅力的です」

●性格

「わたしは、愛にあふれた存在です」
「わたしは、癒しの存在です」
「わたしは、明るくポジティブです」
「わたしは、湖のように穏やかです」

「わたしは、鳥のように自由です」
「わたしは、世界でただひとりの存在です」
「わたしは、わたしの人生の主役です」
「わたしは、愛されるのにふさわしい存在です」

●人間関係

「わたしは、すてきな人にばかり出会います」
「わたしは、まわりの人を幸せにします」
「わたしは、太陽のように人を明るくします」
「わたしは、大切にされています」
「わたしは、まわりに認められています」

●人生

「わたしは、神様に愛されています」
「わたしは、宇宙一ラッキーです」
「わたしは、夢をかなえられます」
「わたしは、お金に恵まれています」
「わたしは、日々豊かになっています」
「わたしは、とびきり運がいい」

感じたことを口にしよう

人が本来持っている「感じる力」を高めることで、夢を実現するイメージ力はどんどん高まっていきます。

忙しい毎日の中でストレスにさらされていると、つらいことを「つらい」と感じないために、ついつい感じる力をしまい込みがちです。そのうち、イヤなのかイヤでないのか、つらいのかつらくないのか、自分でもわからなくなってしまいます。

でも、「感じる力」は、神様からのすばらしい贈り物。インスピレーション、ひらめき、すてきな出会い、幸福感、これらはすべて感じる力の賜物《たまもの》です。

もし、あなたの「感じる力」が弱まっているかもしれないと思うときは、まずは感じたことをどんどん口にしてみましょう。

「わぁ！　うれしい！」

「きゃ～!!　楽しい！」

「わお！　気持ちいい！」

「空がとっても高い！」

感じることの豊かさは、感じることを口にし、そのボキャブラリを増やすことで広がっていきます。

今はどんな気分ですか？　何を感じますか？

「とくになにもありません」で片付けてしまっては、天からのアイデアもカラダが出している小さなサインも受け取ることができません。

もっと積極的に、あなたの心とカラダが感じることを、楽しんでみませんか？

感じる力を高める言葉

感じたことを口にする習慣をつけましょう。最初はひねったことを言ったり書いたりしなくてもいいのです。「わあ！　かわいい！」と口にしておいて、次に「どんなところが？」と質問してみるのがポイント。自分の感覚を追求していくと、「小さくて丸いところが」など、自分の感じ方の傾向がわかってくるようになります。

●感嘆詞

・わあ！
・すごい！
・わお！　・やっほー！

●気持ち

・いい感じ！
・うれしい！
・楽しい！
・幸せ！
・すてき！
・すごい！
・かわいい！　・アメイジング！
・キレイ！　・グレイト！
・すばらしい！　・最高！
・気持ちいい！　・癒される！
・ラッキー！　・よかった！
・ツイてる！　・運がいい！

気持ちいい！

ラッキー！
グレイト！
幸せ！
ツイてる！
最高！

感じる力を高める場所

空気のおいしいところや、美しい景色が広がる場所、いい香りのするお店や、おいしいものが食べられる場所、好きなものがたくさんある場所などなど。あなたの心とカラダが喜ぶような場所を選んで出かけましょう。自然に感じる力が高まっていきます。

- 見晴らしのよいレストラン・カフェ
- 見晴らしのよい山・丘・高台
- 見晴らしのよいビルの上階・屋上
- 見晴らしのよい川原
- 庭園のあるレストラン・カフェ
- 上品なインテリアのラグジュアリーなホテル
- 手入れの行き届いたお寺・神社
- パワースポットと呼ばれるような場所

- 大きな木の生えている場所
- 雰囲気のよい並木道
- 皇居・自然公園・森林・海浜公園
- 海沿いのレストランやカフェ
- 静かに本が読める図書館
- 見晴らしのよいブックカフェ
- 風を感じられるオープンカフェ
- 一流の美に触れられる美術館やギャラリー
- 生き物と触れあえる水族館や動物園
- 花や植物に癒される植物園やバラ園
- 昔の面影が残る町並み
- お城や邸宅など歴史的な建築物
- 高級ジュエリーショップ
- 旅先の旅館やホテル・民宿
- 世界遺産のある地域

感じる力を高めるモノ・コト

感じる力を高めるには、感じたことをそのままにしないで、感情が動いたことを何らかの形で残しておくことが大切です。文字で書いたり言葉で話したりしましょう。創作意欲が刺激されるときは、モノづくりにそれを活かしましょう。自分の感覚を大事にするほどに感性豊かな人になっていきます。

- 感じたことを日記帳に書く
- 印象的なシーンを写真に撮る
- 絵を描く（塗り絵を塗る）
- 会話（シェア）で話す
- 日々の気づきをブログに書く
- アートや手芸の手づくり作品をつくる

- 読んだ本の感想を書く
- 親しい人へ手紙やハガキを書く
- 食べたもののグルメレポートを書く
- カラダと心の健康状態を記録する
- ペットや植物の観察日記をつける
- 子どもや生き物の成長記録をつける
- 自分自身の勉強や学びの記録をつける
- 出席したセミナーや講演会の感想をまとめる
- 気になったことについてエッセイを書く
- 毎月の10大ニュースをまとめて、「わたし新聞」をつくる

付録

もっともっと浄化するオマケ

ここでは、CDに収録していないイメージングやリラックスの方法をご紹介します。

癒されたい人、オーラを輝かせたい人はぜひ活用してください。

リラックスできるインスタントイメージング

一瞬でリラックスできる、インスタントイメージングを集めました。情景を想像してください。緊張していた心とカラダがほぐれ、エネルギーがめぐりはじめます。いつでもどこでもできるので、お気に入りのものを選びましょう。

「わたしは今、ふんわりした羽毛布団に包まれています」
「わたしは今、風がそよぐ木陰のベンチで、ひとり静かに本を読んでいます」
「わたしは今、大切な人からぎゅっと抱きしめられています」
「わたしは今、鳥になって大空を自由に飛びまわっています」
「わたしに会いたいという人が、列をなして順番を待っています」
「わたしは今、クラゲのように深い海の中を漂っています」

「わたしは今、バリの高級スパで全身エステを受けています」

「わたしは今、七色のオーロラを見ながら、自然の雄大さに心打たれています」

「わたしは今、みんなから拍手喝さいを受けています」

「わたしは今、雲の上から地上を眺めています」

「毛穴という毛穴がふわ～っと開いて、ヨゴレが出ていっています」

「もうじき、わたしの銀行口座に大金が振り込まれます」

お気に入りの音楽を聴く

音の波動は、肌や心の奥まで浸透していきます。心や頭をマッサージしてくれるような音楽を見つけたら、大切にコレクションしましょう

マンガを読む

ファンタジーや異世界もの、学園ものなど、架空の舞台設定の中にしばし没頭することで、まるで旅に出たようなフレッシュな気分になれます

肌触りのよい毛布やシーツを使う

五感で気持ちよさを感じながら眠りにつくと、深く熟睡できます。1日のごほうびタイムを、カラダ全体がゆるむような最高の環境で過ごしましょう

観葉植物を部屋に増やす

緑色は心の癒しにぴったりの色。よどんだ空気を浄化してくれる植物を部屋に置くことで、疲れが取れ、色のエネルギーと生き物の持つ優しさに癒されます

キャンドルの火を見つめる

炎のゆらぎは、自然の法則性の中にランダムな動きがあり、見飽きません。心の中のモヤモヤも一緒に燃やしてくれます

木が風にそよぐのを眺める

葉っぱが風に揺れるのをただ見ているだけで、不思議なほどリラックスできます。公園のベンチに座って、ぼんやりと眺めてみませんか?

木製の家具を増やす

オフィスがスチールやプラスチック製品ばかりだとしたら、家はなるべく自然素材の家具を。自然の木の色は目にも優しく、肌触りもあたたかです

木のおもちゃを買う

木製のおもちゃには、あたたかな木のぬくもりが感じられます。幼いころ遊んだ積み木を思い出すからかもしれません。動物のマスコットやこけし、マトリョーシカなど、小さなお気に入りのグッズを飾るのも癒されます

蒸しタオルで目をあたためる

あなたの目は働きすぎになっていませんか？　蒸しタオルでまぶたをあたためるとなんとも気持ちがよいもの。頭皮の緊張もほぐれていきます

とぼけた感じのアニマルグッズを飾る

思わずクスッと笑ってしまうような、動物の置物やぬいぐるみは重宝するリラックスアイテム。力が抜けるような表情や動きに、思わず脱力してしまいます

動物の赤ちゃんの写真集を見る

無垢な動物の赤ちゃんの姿は、あなたの中の母性や父性を刺激し、同時に、普段忘れがちな自然と共生する自分自身を思い起こさせてくれます

まだまだある！　おすすめリラックス方法

□ホットココアを飲む

立ちのぼる湯気と、ほっとできる香りは、リラックス効果抜群。お気に入りのマグカップで。ココアに含まれるポリフェノールは抗酸化作用も

□インテリアをアイボリーやベージュを基調にする

日本古来のインテリアカラーであるアイボリーやベージュは、和室にマッチする木の色の仲間で、心を休める色彩心理効果がありま す。部屋の中に木の色を増やすと、落ち着ける部屋に

□ひのきのバスグッズを使う

ひのき風呂などでおなじみのひのきは、香りがよく、まるで森林浴をするような安らかな気持ちで眠りにつくことができます

□天使グッズを部屋に飾る

天使のグッズは、見る人の心を優しく穏やかにしてくれる効果があります。陶器やガラス製の置き物、ポストカード、天使柄の食器、カードなど種類もいろいろ。見ていると思わずほほえんでしまうようなものを選びましょう。妖精や好きなキャラクターなども、あなたの気持ちを優しくしてくれます

□ヒーリングミュージックを流す

優しい自然の音色や、大いなる自然や神への感謝の祈りが込められた音楽や歌は、カラダも心もリラックスさせてくれます。宗教音楽をベースにしたポップス、マントラ、お経に節をつけた声明、歌声の美しい賛美歌、クリスタルボウルやハープの音色、モーツァルトやバロック時代のクラシック音楽などもおすすめ

□ハーブの生長を観察する
家の中でも育てやすいハーブは、見た目もかわいらしく、料理にも使えて便利。次々に葉っぱが出てくるミントは、見ているだけも楽しい存在です
□ハーブティーを飲む
□すわり心地のよいソファに座る
□いい香りのするお風呂に入る
□旅行に行く
□空を見上げる
□ヨガをする
□ストレッチをする
□ラベンダーのピローミストを使う
□カフェの窓から道行く人を眺める
□温泉に入る
□お風呂の後、ごろんと横になる
□いい香りのルームスプレーを使う
□小さな生き物を飼う
□星を見る
□犬や猫と遊ぶ
□ハワイやリゾート地の風景DVDを見る
□雨を見つめる
□窓にあたる雨粒を数える
□ホタルを見に行く
□花見に出かける
□花屋さんに行く
□ネイルアートをしてもらう
□オイルマッサージをしてもらう
□フェイスエステをしてもらう
□足裏マッサージをしてもらう
□ヒーリングをしてもらう
□好きな人とのんびり過ごす
□タオルを柔軟剤で洗う
□足湯をする
□バラのサシェを部屋に置く
□旅のガイドブックを見る

チャクラを活性化させ 豊かに幸せになる

人体には、チャクラと呼ばれるエネルギーセンターが無数に存在します。主要な7つのチャクラはカラダの中心線上にあり、カラダを流れる微細なエネルギーの流れをコントロールします。そしてそれぞれのチャクラが、カラダの中の内分泌系と対応しています。

7つのチャクラのバランスが崩れてエネルギーの流れが滞ると、精神、情緒、生理面にも不調があらわれます。つまり、心、カラダ、たましいの健康のためにはチャクラのバランスを整えることが大切なのです。

これらの見えないけれど大切なチャクラを活性化して、カラダ中にエネルギーをめぐらせることができれば、人は健康で幸せになるといわれています。ヨガの聖者や仏教を極めようとする人が目指している、いわゆる悟りの境地は、「全チャクラが全開している状態」とも表現することができるのです。

チャクラの状態は健康や人間関係、精神的な幸せなど、さまざまな豊かさと結びついています。ですから、チャクラをヒーリング（活性化）すると、さまざまな面でうれしい変化を感じられるようになるのです。

わたしたちは、深い呼吸や手から出てくる癒しのエネルギーによって、チャクラを調整することができますが、イメージングによってもそれが可能です。

次のページでご紹介するイメージングは、気になるチャクラに手を当て、カラフルな光を灯していくというもの。すぐには効果が感じられにくいかもしれませんが、見えないレベルであなたは確実に変わっていきます。そしていつの間にか現実として体感できるようになっていくでしょう。

オーラが輝き、チャクラが開く「虹色のイメージング」

カラダに7つある主要チャクラ（エネルギーセンター）を活性化して元気になるイメージングです。

効果

・全身にエネルギーが行き渡る
・気力が回復する
・本来の輝きと美しさがあふれる
・オーラが輝く

こんなときに

- 全身を癒したいとき
- エネルギーをチャージしたいとき
- チャクラを感じてみたいとき

ポイント

- 7つのチャクラを意識するだけでも効果あり
  実際に手を当てるとさらに活性化する
- 固有の色をイメージしながら手を当て、
  1箇所につき2分ぐらいを目安に手を当てると◎
- イメージングの間、深く呼吸するのがおすすめ

チャクラの場所と意味

- **第1チャクラ**
  【下腹部】物質的な豊かさをつかさどるチャクラ
- **第2チャクラ**
  【おへその下】自信や自己肯定感をつかさどるチャクラ
- **第3チャクラ**
  【みぞおち】感情の解放をつかさどるチャクラ
- **第4チャクラ**
  【胸】愛をつかさどるチャクラ
- **第5チャクラ**
  【喉・首】自己表現や人間関係の豊かさをつかさどるチャクラ
- **第6チャクラ**
  【眉間・額】予知やイメージ力をつかさどるチャクラ
- **第7チャクラ**
  【頭のてっぺん】霊的な感性をつかさどるチャクラ

これから、オーラが輝き、チャクラが開く虹色のイメージングを行います。
軽く目を閉じて、リラックスしましょう。

1

まず、息を口から細く長く吐いて、
吐ききったら、鼻から吸います。
吸った息がおへそのあたりまで入っていくような気持ちで、何度か繰り返しましょう。

2

ゆっくり深く息が吐けるようになったら、
窓の外に見える、七色に光る虹をイメージします。
くっきりと半円を描く、大きな大きな虹です。
その七色の光が、あなたの頭のてっぺんから、
あなたのカラダの中へとどんどんどんどん入ってきます。
赤、オレンジ、黄色、緑、青、藍色、紫…。
あなたの中は、カラフルな光のエネルギーで満たされ、
カラダ全体から虹色のオーラを発しています。

3 第1チャクラ

あなたの下腹部を意識してください。
できれば手を当てましょう。
あなたの性器と肛門をつなぐ場所に、
カラダじゅうから赤い光が集まってきます。
ルビーのような赤い光が、マグマのように燃えています。
ここにあるのが、第1チャクラです。
このチャクラが活性化してくると、地に足がついて、健康になり、
物質的な豊かさがどんどん流れ込んできます。
今、赤い光がマグマのように燃えているのを感じてください。

4 第2チャクラ

次に、おへそのすぐ下、丹田を意識します。
できれば手を当てましょう。
おへその奥のほうに、
丹田と呼ばれる第2チャクラがあります。
ここに、オレンジ色の光が集まってきて、
大きな炎となって燃えあがっていきます。
あなたが呼吸をするたびに、
この炎に息が吹き込まれ、
キラキラとオレンジの光がひらめきます。
チャクラは回転しているので、
カラダが揺れるように感じるかもしれません。
このチャクラが活性化してくると、自分に自信がわいて、
あなた本来の明るさと自己肯定感が高まっていきます。
精神的にも経済的にも自立し、
社会的に高く評価されるあなたになっていきます。
今、オレンジ色の光が炎のように燃えているのを感じてください。

5 第3チャクラ

次に、意識をみぞおちの胃のあたりに移しましょう。
できればそこに手を当てます。
胃のあたりに、たくさんの神経が集まる第3チャクラがあります。
ここにまぶしい黄色の光が、どんどん集まってきます。
あなたの胃のあたりが、すべて黄色の光で包まれていくのを感じてください。
このチャクラが活性化してくると、意志が強くなり、
子どもらしい自分の無邪気さやかわいらしさが表に出せるようになります。
人にほめられたり、目立ったり、甘えたりする豊かさが得られます。
あなたの中の子どもの部分、インナーチャイルドはここに住んでいます。
自分にごほうびを与え、安心させ、喜ばせてあげましょう。
今、黄色の光がカラダの中心すべてを包んでいるのを感じてください。

6 第4チャクラ

次に、あなたの胸に意識を向けてください。
できれば手を当てましょう。
バストよりも上、カラダの真ん中の部分に、
第4チャクラと呼ばれるハートチャクラがあります。
ここは愛をつかさどるチャクラ。
あなたが傷ついたり心を痛めたりしたときは、
ハートのチャクラがぎゅっと萎縮してしまいます。
胸を大きく開いて、内からも外からも緑の光を集めてきましょう。
エメラルドのような輝きを持つ緑色の光が、
あなたのハートから放たれています。
ハートチャクラが活性化してくると、慈愛が生まれ、
人を許し、受け入れ、愛せるあなたになっていきます。
同時にあなたも、人から許され、受け入れられ、愛されるようになります。
あなたの胸の奥には、いつもあなたを守ってくれるエメラルドの森があります。
ハートを開いて、あなたを愛する人たちを受け入れましょう。

7 第5チャクラ

次に、あなたの喉や首に意識を向けてください。
できれば喉や、首まわりに手を当てましょう。
ここには、自己表現やコミュニケーション力をつかさどる
第5チャクラがあります。
明るい青い光が、どんどん集まってくるのを感じてください。
首や肩全体が、明るい青い光におおわれています。
このチャクラが活性化してくると、人間関係の豊かさに恵まれてきます。
言いたいことを言ったり、
やりたいことをやったりすることを自分に許しましょう。
そして、自分や人を抑え、コントロールしようとする気持ちを手放します。
首の凝りや、肩の張り、声の出にくさなどは、
もっと自分や人を自由にしてあげるためのサイン。
あなたのハートにある愛を、
勇気を出して言葉や表現にして相手に伝えましょう。
言葉や表現を選べば、相手を傷つけず、愛だけを伝えることができます。

8 第6チャクラ

次に、あなたの眉間に意識を向けてください。
できれば、額や目の上を覆うように、手を当ててください。
眉間のすぐ前に、藍色の光が集まってきて、まぶしく、
ゆらゆらと光っています。
ここに、第6チャクラと呼ばれる夢実現のチャクラがあります。
深い藍色の光が、大きな目のような形を形づくっています。
このチャクラが活性化してくると、目に力が宿り、
夢をかなえる力が強くなっていきます。
望んでいることが現実として立ちあらわれてきやすくなります。
イメージは実現します。
ですからポジティブな未来イメージを自分に許しましょう。
あなたのイメージが、そのまま現実になっていきます。
あなたの眉間にある第3の目から、リーゼントのように、
エネルギーのビームが出ているのをイメージしてください。
その目は、物事の本質を見ることができる目です。

9 第7チャクラ

最後に、あなたの頭のてっぺんを
意識してください。
頭のてっぺんに、
紫色のボールが乗っている
ようなイメージです。
頭の上に直接手を当てるのもいいでしょう。
頭頂には、第7チャクラと呼ばれる
霊的なチャクラがあります。
ここは、目に見えない豊かさをつかさどるチャクラ。
精神的な豊かさや、ひらめき、直感、インスピレーション、
などが受け取りやすくなります。
頭の上に紫色の光が集まってきて、アンテナのように、
あなたに宇宙のエネルギーがそこにキャッチされるのを感じてください。
あなたは、わかっているはずです。
大切なことのすべてを自分が知っていることを。
ここのチャクラを活性化することで、
迷わない、直感に従って意思決定できる人になっていきます。

10

今、あなたのカラダは虹の七色の光で
満たされました。
頭から背骨に添って、七色のエネルギ
ーが縦に降りていきます。
七色の光は、新しいチャレンジをするあ
なたを祝福しています。
あなたには、幸福が約束されています。

ゆっくりと目を開けてください。
これで、オーラが輝き、チャクラが開く虹色のイメージングを終わります。

あとがき

この本を手に取ってくださって、本当にありがとうございます。

ＣＤに収録されたイメージングをいくつか試していただけたでしょうか？

私自身、ご紹介したイメージングを毎日フル活用しています。

イメージングは、心とカラダの状態を整える効果がとても高いのですが、本を読むだけでは少しやりにくいもの。それを、今回誘導付きのＣＤとしてご紹介することができ、とてもうれしいです。

イメージングをしていると、誘導の内容とは一見関係のない、雑念のようなものや、それまで感じなかったかゆみや痛みが浮かんでくる場合もあると思います。

でも、浮かぶことはすべて意味のあること。

イメージングに集中できなかったとしても、どうぞ気にせず、そのときの気持ちや浮かんだことを素直に受け取ってください。

頭の中や心の中がお掃除されるとき、奥底にあったゴミや、気になっていることが表面へ浮かんでくる場合もあるのです。

「今これが浮かんだのは、わたしにとってどんなメッセージなのかな?」そんな気持ちで受け取っていくと、ますますイメージングが楽しくなります。

心地よいイメージングの力を借りて、楽しみながら自分のコンディションをよい状態に保っていただけたら幸いです。

二〇〇八年六月

愛と感謝を込めて。

矢尾こと葉

参考文献&おすすめ本リスト

- 『あなたは、誰?』リズ・ブルボー/著(ハート出版)
- 『いのちのイメージトレーニング』田中美津/著(新潮社)
- 『イメージング ビューティー　聴くだけで美肌になるCDブック』
  ジョイ石井/著(マガジンハウス)
- 『運が良くなるには、方法があります　自分もみんなも元気になる「宇宙の力」の使い方』
  内野久美子/著(大和出版)
- 『お金も愛も鷲づかみ　セルフイメージ革命』佐藤富雄/著(フォー・ユー)
- 『恋とお金と夢に効く!　幸せな奇跡を起こす本』佳川奈未/著(ゴマブックス)
- 『ザ・シークレット』ロンダ・バーン/著、山川紘矢・山川亜希子・佐野美代子/訳(角川書店)
- 『自分に絶対の自信がつく　セルフ・コントロール法』小池能里子/著(三笠書房)
- 『「夢ノート」のつくりかた　あなたの願いが、きっとかなう』
  中山庸子/著(PHP研究所)
- 『リラックス系プチ瞑想術』宝彩有菜/著(大和書房)

【著者紹介】

矢尾　こと葉（やお・ことは）

◉――レイキ（気功）カウンセラー。エッセイスト。
たましいの発芽を応援するHappyLivingスクール「発芽＊カフェ」主宰。夢の実現や心とカラダの浄化をテーマに活動中。結婚後にスピリチュアルな世界や自然療法に目覚め、日本古来の手当て療法であるレイキ（霊気）と出合って人生観が変わる。
現在はレイキのセミナーをはじめ、色やチャクラのワークショップ、カウンセリング、執筆のほか、企業のコンセプト設計などを行っている。
◉――趣味はオーガニックカフェめぐりとパワースポットの旅。都内でフォトグラファーの夫とふたり暮らし。著書に『本当に好きな仕事に出会える本』（ディスカヴァー）、『おうちカフェのつくりかた』（オープンセンス。）、『自分を浄化する方法』（かんき出版）がある。

こと葉.net（ホームページ）
http://www.koto-ha.net

自分《じぶん》を浄化《じょうか》するCD《しぃーでぃー》 BOOK《ぶっく》　〈検印廃止〉

2008年6月2日　第1刷発行
2008年6月16日　第2刷発行

著　者――矢尾　こと葉©
発行者――境　健一郎
発行所――株式会社かんき出版
東京都千代田区麹町4-1-4西脇ビル　〒102-0083
電話　営業部：03(3262)8011(代)　総務部：03(3262)8015(代)
編集部：03(3262)8012(代)　教育事業部：03(3262)8014(代)
FAX　03(3234)4421　振替　00100-2-62304
http://www.kankidirect.com/

印刷所――ベクトル印刷株式会社

乱丁・落丁本は小社にてお取り替えいたします。

ISBN978-4-7612-6520-5C0011